Hellmuth Inderwies
Jedermann lebt

Optima philosophia et sapientia
est meditatio mortis

(an der Wand einer alten Kartäuserklause)

Bibliografische Information der Deutschen Nationalbibliothek

Die Deutsche Nationalbibliothek verzeichnet diese Publikation in der Deutschen Nationalbibliografie; detaillierte bibliografische Daten sind im Internet über http://dnb.d-nb.de abrufbar.

© 2008 Hellmuth Inderwies

Herstellung und Verlag: Books on Demand GmbH, Norderstedt

Korrektur: Helga Inderwies, Michael Werner

Covergestaltung: Helga Inderwies

Satz und Layout: Helga und Hellmuth Inderwies

Titelbild: „Zwischen Diesseits und Jenseits"
 (Archiv des Autors)

ISBN: 978-3-8370-4184-2

Hellmuth Inderwies

Jedermann lebt

Eine fiktive Biographie in fünf Bildern

Der literarische Stoff

„Denn wenn der Tod das absolute Ende wäre, dann würde es für die Schlechten einen Gewinn bedeuten, im Tode ihren Leib loszuwerden, aber auch ihre Schlechtigkeit zusammen mit der Seele. Da nun aber diese sich als unsterblich erweist, kann es für sie keine andere Möglichkeit geben sich vor dem Übel zu schützen und keine andere Rettung als die, nämlich (im Leben) so gut und vernünftig wie möglich zu werden. Denn wenn die Seele in den Hades kommt, kann sie doch nichts anderes mit sich nehmen als ihre Bildung und Erziehung, von denen ja auch gesagt wird, dass sie ihr gleich nach dem Tode den größten Nutzen oder Schaden bringen, und zwar bereits zu Beginn ihrer Wanderung dorthin. "
(Sokrates in Platons *Phaidon,* 107 b-d)

Im Augenblick des Todes offenbaren sich jedem Menschen die Vergänglichkeit und Nichtigkeit der Welt am deutlichsten. Die Trennung von seinem geschichtlichen Dasein mit dessen vielfältigen, oft sehr gegensätzlichen Erscheinungsformen und Bedingungen gehört ebenso wie die Geburt zu seinem irdischen Selbstverständnis. Allein muss er den unabdingbaren letzten Schritt seiner Zeit gehen, der ihn zugleich konfrontiert mit der aus dem Glauben resultierenden Rechenschaftsablage vor einem göttlichen Gericht. Das steckt als elementare Erkenntnis in den literarischen Auseinandersetzungen mit der *Jedermann* – Thematik.

Der literarische Stoff findet sich zuerst in den Parabeln des *Barlaam und Josaphat* (6. Jh.) und in der *Disciplina clericalis* des Petrus Alfonsis (1062 – 1140?). Als erste dramatische Bearbeitungen gelten *The Somonynge of Everyman* (Ende des 15. Jahrhunderts, Erstdruck 1509, Verfasser unbekannt) und *Elckerlijc* (1495) des Holländers Diesthemius (Peter van Diest, 1495). Reue und Buße führen in diesen Dichtungen zur Erlösung des sündigen Menschen.

Die Fürbitte Marias und die Tugenden sind in den neulateinischen Bearbeitungen des Humanismus (Christian Ischyrus, *Homulus,* 1536; Georg Macropedius, *Hecastus,* 1539) Voraussetzungen für seine Errettung. Bei Hans Sachs (*Comedi von dem reichen sterbenden*

Menschen, 1549) nimmt der Glaube dem Sünder die Furcht vor dem Tod.

Weitere Bearbeitungen:
Thomas Naogeorg, *Mercator* (1540)
Jaspar von Gennep, *Homulus* (1540)
Johannes Stricker, *Düdescher Schlömer* (1584)
Dimitrij Rostowskij, *Der ewige Sünder* (um 1700)
Paul Nornberg, *Homulus* (1873)
Wilhelm von Guérard, *Wir alle* (1905)
Carl Niessen, *Das alte Kölner Spiel vom Jedermann* (1922)

Hugo von Hofmannsthals *Jedermann – Das Spiel vom Sterben des reichen Mannes* (1911), seit 1920 bei den Salzburger Festspielen aufgeführt, stellt einen Menschen in den Mittelpunkt, der über seiner eigenen Existenz und seinem eigenen Willen keine höhere Instanz anerkennt. Zu seiner Errettung führen die Fürbitte seiner Mutter und die Hilfe von „Werke" und „Glaube".

In *Jedermann lebt* geht es darum, ein von Materialismus und Opportunismus geprägtes Weltbild, das bis zur visionären Begegnung mit dem Tod nur den sittenlosen Kult der eigenen Person kennt, mit Hilfe der drei christlichen Grundtugenden Glaube (fides), Hoffnung (spes) und Liebe (caritas) zu überwinden (Paulus, 1. Brief an die Korinther 13,13). Zu seiner Umkehr und inneren Wandlung unmittelbar vor seinem Lebensende bedarf es der objektiven selbstkritischen Betrachtung der eigenen Person. Hierbei spielt die Ehefrau des Protagonisten eine wichtige Rolle.

Die fünf Bilder aus der Biographie eines reichen Unternehmers vereinen Elemente traditioneller wie epischer Gestaltung eines Schauspiels. Jedermann als Protagonist gewährleistet den inneren Zusammenhang der vor Augen geführten Episoden und des sich durch ihn ergebenden Spannungsbogens. Durch die Thematisierung und die hinführenden Verse eines Sprechers wird zugleich die Eigenständigkeit der Bilder als zentrale Stationen der Biographie betont.

Hellmuth Inderwies

PERSONEN

Sprecher
Erstes Kind
Zweites Kind

Jedermann, *reicher Unternehmer*
Goldhaus, *Architekt und Immobilienmakler*
Frau Jedermann, *Jedermanns Ehefrau*
Amanda (Feierabend), *Jedermanns Geliebte*

Baumeister
Polier
Nachbar
Frau des Nachbarn
Jedermanns Schwager
Clubfreund
Bürgermeister
Zeitungsreporter/in
Drei Bauarbeiter, *Handwerker*

Arzt

Tod
Glaube
Hoffnung
Liebe

1. Bild: Geschäfte

„Sammelt euch nicht Schätze hier auf der Erde ..."
(Matthäus 6,19)

Sprecher

Mitleid ist das Brot der Armen,
Deren Herz noch Nähe spürt.
Reichtum weiß nichts von Erbarmen,
Wo immer er zur Sucht verführt.

Mitleid ist der Schwachen Seele,
Die das Leben oft gequält,
Die des Geldes Machtbefehle
Sich zum Opfer auserwählt.

Mitleid kennen nicht die Starken,
Die nach Mammon voller Gier
Neidgetrieben sich beharken
Bei der Fron für Ich und Mir.

Mitleid heißt nicht selten Schande,
Wird als kränkend abgelehnt,
Weil so mancher hierzulande
Im Leiden nur ein Makel wähnt.

Mitleid ist des Glaubens Liebe,
Wo der Mensch die Hoffnung findet,
Dass er einst die dunklen Triebe
Seines Daseins überwindet.

Mitleid zeige du von oben
Dem, der vor dem Abschied steht,
War er in der Erde Koben,
Nur vom Irdischen beseelt.

Mitleid sei des Richters Zeichen,
Der das letzte Urteil fällt,
Dem nicht einer kann entweichen,
Den er nimmt von dieser Welt!

Ort: Auf dem Kirchplatz und im Hause Jedermanns
Personen: Erstes Kind, Zweites Kind, Jedermann, Goldhaus, Frau Jedermann

(Vor der Kirche: Zwei Kinder sammeln mit Spendenbüchsen.)
Erstes Kind
…Misereor! Bitte eine Spende für Misereor! … Misereor! Bitte eine Spende! Bitte eine Spende!
Erstes und zweites Kind
(abwechselnd und durcheinander)
Misereor! Brot für die Armen! Bitte eine Spende zur Bekämpfung von Hunger und Krankheit! ... Danke! … Gottes Dank! … Misereor! Brot für die Armen! Gegen Not und Unterdrückung in der Welt … Bitte eine Spende! Misereor!
(Eine Limousine fährt vor. Jedermann und Goldhaus steigen aus. Die beiden Kinder stürzen sich auf sie.)
Erstes und zweites Kind
(abwechselnd, voller Eifer, durcheinander)
Misereor, Herr Jedermann! Wir sammeln für Misereor! Wir bitten Sie um eine Spende, Herr Jedermann! Gegen Hunger und Krankheit in der Welt!
Jedermann
(mürrisch) Dauernd diese aufdringliche Bettelei! - Gegen Hunger und Krankheit! - Wie wenn nicht jeder einmal sterben müsse! Wer schickt euch denn? Habt ihr nichts anderes zu tun? *(Er wühlt umständlich in der Jackentasche, steckt dann eine kleine Münze in eine der Spendenbüchsen.)* Da, damit ihr zufrieden seid! Ich habe sonst kein Kleingeld bei mir. *(zu dem daneben stehenden Goldhaus)* Man könnte heute nur noch spenden, Goldhaus! Nur noch spenden! Misereor, Brot für die Welt, Menschen für Menschen, SOS – Kinderdorf, Rotes Kreuz, Caritas …! Und dann kommen noch die örtlichen Vereine! Drei-, viermal im Jahr! Tierschutz, Feuerwehr, Sport, Theaterspielkreis! Wie lästig, Goldhaus! Wie lästig! Straßen-

8

und Haussammlungen, die tägliche Bittstellerei im Briefkasten, Wohltätigkeitsveranstaltungen! Eine nach der anderen! Unsere Welt scheint nur noch aus Bettel- und Hilfsorganisationen zu bestehen.

Goldhaus
Da haben sie recht, Jedermann! Man könnte nur noch für andere arbeiten. Ich habe lange damit aufgehört, mein Geld auf diese Art zu verschwenden! Warum auch? In einer Zeit, in der es genug Möglichkeiten gibt, selbst für sich zu sorgen! Wer bedürftig ist, braucht seine Chancen nur zu nützen.

Jedermann
(zu den Kindern gewandt)
Habt ihr nicht erst vor kurzem gesammelt?

Erstes Kind
Das war im letzten Jahr, Herr Jedermann. Vor Weihnachten. Für Adveniat.

Jedermann
Adveniat?

Zweites Kind
Für die arme Kirche in Lateinamerika! Für die armen Eingeborenen! *(spontan)* Vor Weihnachten haben Sie uns auch nur ein 10-Centstück gegeben, weil es Ihnen gerade an Kleingeld fehlte.

Jedermann
(erbost) Schert euch zum Teufel mit eurer Kirche! Ungezogenes Kinderpack! Keine Erziehung heute! Keine Erziehung! Da fehlt es an der Kinderstube!
(Kinder flüchten. Jedermann dann kopfschüttelnd zu Goldhaus.)
Ja, ja, Goldhaus, das ist unsere Welt! Vor den so genannten kirchlichen Hochfesten da blüht das Bettel- und Sammelwesen ganz besonders. Da erwacht bei vielen Menschen die Geberseele! Das gehört zur Einstimmung auf diese Tage. Da nützt man die inszenierte Vorfreude mit allen Mitteln, um abzukassieren. Da hetzt man sogar die Kinder auf das Volk!
(Sie machen sich gemeinsam auf den Weg zum Hause Jedermanns, das sich in unmittelbarer Nähe befindet.)

Goldhaus
So ist es, Jedermann! So ist es! Da wird das Mitgefühl eines jeden regelrecht missbraucht!

Jedermann

Dabei zweifle ich, ob mein Geld überhaupt dem zugute kommt, für den ich es gespendet habe. In Asien, in Südamerika, in Afrika, auf irgendwelchen Eingeboreneninseln! Die Wege dorthin sind weit. Und wir leisten doch sowieso schon viel zu viel nutzlose Entwicklungs- und Katastrophenhilfe.

Goldhaus

Da haben Sie recht, Jedermann! Viel zu viel! Für Menschen, die man nicht einmal kennt, die einem gänzlich fremd sind ...

Jedermann

... wobei man zudem nicht weiß, ob die Nutznießer nicht arbeitsscheue Faulenzer sind oder Korrupte, Revoluzzer! Oder ob sie gar zu jenen veruntreuenden politischen Machthabern zu rechnen sind, die sich nur selbst bereichern, um auf großem Fuße leben zu können? Und das Volk hungert!

(Beide sind zwischenzeitlich im Hause Jedermanns angelangt: Die Handlung auf der Bühne beginnt.)

Jedermann

Was darf ich Ihnen anbieten, bevor wir zum Geschäftlichen kommen? *(Er wartet keine Antwort ab, wendet sich der Türe im Hintergrund zu, öffnet sie und ruft.)* Frau, ich habe einen vertrauten, lieben Gast unseres Hauses mitgebracht. Bereite uns einen kleinen Imbiss! Hast du diese exquisite Krabbenpastete von Dallmayr vorrätig, vielleicht etwas Kaviar und geräucherten Fisch und diversen französischen Käse. Ein paar Früchte. Dazu ein erlesenes Getränk! Vielleicht einen Grands Crûs classés, einen Barolo! Und hernach meine heilenden Herztropfen - du weißt schon - die klaren, edlen ... zur Verdauung!

Goldhaus

Auf großem Fuße leben, sagten Sie! Hat sich da nicht vor einigen Jahren so ein Militärdiktator in Schwarzafrika eine goldene Badewanne geleistet, wenn ich mich recht entsinne? Eine Sonderanfertigung aus Paris! ... Stellen Sie sich das einmal vor: Da säubert und vergnügt sich im Urwald ein Putschist in einer goldenen Badewanne aus Paris! ... Und das auf unsere Kosten!

Jedermann

Für solche Existenzen habe ich nichts übrig, Goldhaus, absolut nichts! Auch wenn sie mitunter als unsere Geschäftspartner von wirtschaftlichem Nutzen sind. Ich bin überzeugter Demokrat.

Goldhaus
Sehen Sie, Jedermann! – Deshalb nichts spenden! Grundsätzlich nichts spenden! Nicht einmal für die eigenen Landsleute! Die wenigen, die hier bei uns unverschuldet in Not geraten, unterstützt ohnehin der Staat recht großzügig.

Jedermann
Und noch einige dazu! Betrachten Sie doch unser neues Deutschland mit seiner Multimigrationskultur und seinem Globalisierungswahn! Was haben uns da Grenzen und Mauer früher nicht alles erspart?

Goldhaus
Allzu viele beherrschen heute jenes abwechslungsreiche Jammerspiel des anspruchsvollen lausigen Nassauers vortrefflich. Die Gesetze fordern ja direkt dazu heraus. Die Versorgung des Schmarotzertums ist zur sozialen Pflichtaufgabe der Allgemeinheit geworden. Allzu viele verstehen es vorzüglich die Kuh zu melken, die von wenigen Fleißigen mühsam gefüttert wird.

Jedermann
Wenn es das nur wäre, Goldhaus! Diese Typen melken doch nicht einmal selbst. Sie lassen melken und schöpfen dann nur den Rahm ab. Man hat ja einen gesetzlichen Anspruch darauf.

Goldhaus
Unsere Ämter und Behörden mit ihrem aufgeblähten Beamtenapparat brauchen schließlich ein Alibi, einen Nachweis für ihre Berechtigung. Und zumeist auch die Politiker. Sie wollen schließlich wieder gewählt werden, weil sie sehr oft nur auf diese Weise ihren ansehnlichen Lebensunterhalt und ihre Altersversorgung sichern können! Wie viele von ihnen haben nicht einmal einen ordentlichen Beruf!

Jedermann
So ist es, Goldhaus! Eine fatale gesellschaftliche Verflechtung! Da lebt der eine vom andern und der andere von jenem und jener wieder von irgendjemandem. Und wir? Wir bilden das letzte Glied in der Kette. Unsere Schultern haben die ganze Last zu tragen. Und wehe, wenn unsereins einmal ein wenig Geld beiseite schafft!

Goldhaus
Da langt die Justiz zu! Und jetzt auch schon mit Hilfe des BND! Wir bluten aus und bezahlen gleichzeitig noch für alle die Zeche.

Jedermann

(hämisch) Deswegen, lieber Goldhaus, nennen wir uns auch Sozialstaat. Und ein Sozialstaat ist nun einmal für die gesamte Bedürftigkeit zuständig, auch für die Bedürftigkeit aller Absahner. Nur nicht für uns, nicht für uns Unternehmer! Nicht für die, die ein Risiko auf sich nehmen und Arbeitsplätze schaffen!

Goldhaus

(ernsthaft!) Das ist keine Übertreibung, Jedermann! In der Tat wird auf diese Weise das einst von uns, von den Unternehmern, geschaffene Solidaritätsprinzip ausgehöhlt, ohne dass wir selbst davon einen Nutzen hätten. Man kann es keinem verdenken, wenn er mit seinem Betrieb in die Fremde geht. *(nachdenklich)* Was aber ist die logische Folge? Ein gewaltiges Defizit in unseren öffentlichen Haushalten! Und das wiederum führt zu einer sich ständig steigernden erdrückenden Abgabenlast für den Selbständigen.

Jedermann

Zu der noch die Kirchensteuer hinzukommt, obwohl ich die Dienste unseres Herrn Pfarrer nie in Anspruch genommen habe und, glauben Sie mir, auch nie in Anspruch nehmen werde.

Goldhaus

Auf diesen Luxus verzichte ich schon seit Jahren. Was hat unser weltfremder Geistlicher Rat denn für Gegenleistungen zu bieten? Außer mysteriösen Versprechungen! Für die Zeit nach dem Tod! Firlefanz, nichts als Firlefanz, sage ich Ihnen! Diese Seelchengeschichten aus der Bibel! Alles durch die Geschichte geschleppter Aberglauben! Alles Humbug! Ich bin schon lange aus der Kirche ausgetreten.

Jedermann

Meine Frau hat mich daran gehindert einen solchen Schritt zu tun. Ich musste auf sie Rücksicht nehmen!

Goldhaus

Das will etwas heißen!

Jedermann

Ach wissen Sie! ... Ich selbst scheute da, ehrlich gesagt, auch ein wenig das Gerede in der Öffentlichkeit. Sie ist meine Kundschaft.

Goldhaus

Jedermann! Was heißt das schon: Gerede in der Öffentlichkeit? Redet man nicht heute so und morgen so? Am besten immer schön nach dem Maul des andern! Die Masse Mensch ist doch scheinheilig, wankelmütig und stets käuflich. Je besser es ihr geht, desto mehr jammert sie und Religion und Kirche sind ihr gleichgültig. Bricht ein Unheil über sie herein, legt man ein Gelübde ab und geht voller Demut und Inbrunst zum Wallfahrten. Ist die Kirchensteuer fällig, plagt die meisten der Geiz. Naht das letzte Stündchen, strotzen die gleichen vor Wohltätigkeit. Ist es schließlich da, schreien sie nach dem Pfarrer. Eine würdige Trauerfeier und eine kommode Beerdigung hat man ja schließlich verdient. Ganz wie man es braucht! Den Sinn für echte Werte hat man lange verloren.

Jedermann
Das ist wohl wahr, Goldhaus. Das ist die heutige Moral der Masse. Aber bei unseren Geschäften muss man zumindest hier in diesem Nest das öffentliche Gesicht wahren. Da kann es nicht schaden Mitgliedschaften zu besitzen, auch die in der Kirche.

Goldhaus
In den Vereinen! Meinetwegen! Aber in der Kirche! Wo soll da der wirtschaftliche Nutzen liegen? Arbeitet der Pfarrer vielleicht als PR-Mann für Sie! Ein Sportverein sorgt wenigstens noch für körperliche Ertüchtigung und ist für ein gewisses Image gut. Religion und Kirche aber halte ich a priori für überflüssig. Nicht einmal der Rummel, der mit jenem bayerischen Papst nach seiner Wahl gemacht wurde, konnte mich von ihrer Notwendigkeit überzeugen.

Jedermann
Sind Sie nicht gar so apodiktisch, Goldhaus! Mit der Papstwahl wurden doch recht rentable Geschäfte getätigt.

Goldhaus
Daran zweifle ich, Jedermann! Dieses „Wir sind Papst!" hatte schon nach kurzer Zeit seine Werbewirksamkeit verloren. Diese Schlagzeile mit stilistischer Schieflage! Schon nach wenigen Tagen war es eine leere Worthülse! Ich glaube nicht, dass die Pralinen mit pontifikalem Zuckerguss jetzt noch schmecken. Der vatikanische Gaumenkitzel war schnell verflogen. Ich möchte nicht wissen, wie viele Bocksbeutel Frankenwein mit päpstlichem Konterfei, Sie wissen schon, diese Benedikt-Spätlese, man umetikettieren musste, um sie dann mit Verlust zu verschleudern. Nicht einmal auf Weinfesten fand man noch ein paar Liebhaber.

Jedermann
Gewiss, Goldhaus! Schnelles Handeln war gefragt. Es gab dabei aber durchaus Aufträge, die sich lohnten. Oder irre ich mich?

Goldhaus
Mitnahmedeals, Jedermann! Nicht der Rede wert! Ich empfand diese Papst-Happenings lediglich als wirtschaftlich unrentable emotionale Eruptionen spaßbegieriger Jugendlicher, aufgebauscht von milchbärtigen Jungmanagern mit Qualitätsanspruch. So wie man zu den Open-Air-Festivals in Scharen rennt. Und das Geschäft dabei? Es entpuppte sich meines Erachtens nur als ein marktwirtschaftliches Strohfeuer! Gewissermaßen als ein Marktl – Boom für ein paar Schnäppchenjäger! Nichts von Dauer. *(Nach kurzer Überlegung)* Ich handle mit Immobilien und plane Häuser. Das ist stabiler, ehrlicher Broterwerb. Ein zeitloser zudem. Darauf kommt es an.

Jedermann
Die Architekten, da haben Sie recht, kamen bei der Papstwahl wohl weniger ins Geschäft!

Frau Jedermann
(betritt den Raum, um den Tisch zu decken.) Seien Sie willkommen, Herr Goldhaus!

Goldhaus
Einen schönen guten Tag, gnädige Frau! Wie geht es Ihnen! Aber, was soll meine Frage? Sie sehen wie immer blendend aus! Ich hoffe, ich bereite Ihnen keine Ungelegenheiten. Bei diesen so exquisiten Wünschen Ihres Herrn Gemahl! Nur wegen einiger Formalitäten, die es zu erledigen gilt!

Frau Jedermann
Nein! Nein! Sie bereiten mir gewiss keine Ungelegenheiten! Eher macht mir mein holder Gatte die eine oder andere Sorge.

Jedermann
Wie könnte ich! Hat die Sorge nicht ein weibliches Geschlecht?

Frau Jedermann
Das ändert nichts an ihrem männlichen Urheber! *(zu Jedermann gewandt)* Kommst du nicht gerade vom Dinieren im Club? Ich möchte dich nur ganz dezent an deine Blutwerte und an deinen Diätplan und an den dringenden Appell deines Arztes erinnern. Denk an deine Gesundheit! Ein klein wenig Verzicht in manchen Dingen könnte dir nicht schaden. Ich meine es gut mit dir. *(Sie tritt ab.)*

14

Jedermann

(herablassend, hämisch) Ach, meine gute Alte! Sie macht sich nach einer Unzahl erfüllter Ehejahre immer noch echte Sorgen um mich. Wie rührend, Goldhaus! Wie rührend! Wenn sie auch manchmal maßlos übertreibt! Ihre karitative Zuwendung kennt da keine Grenzen. Ganz im Gegensatz zu ihren sonstigen Bedürfnissen! Welcher Wandel, wenn ich an früher zurückdenke!

Goldhaus

Und der Grund dafür? ... Sie hätten ihr doch sicher noch einiges zu bieten! Ein Mann wie Sie! Einer in den besten Jahren!

Jedermann

Das will ich meinen! Ich bin leistungsfähig wie nie zuvor.

Goldhaus

Wie soll man es dann verstehen? Ich kenne kein Eheleben. Ich bin als Single eher ein Gelegenheitserotiker.

Jedermann

Wer weiß? Frauen sind da manchmal etwas anders als Männer, wenn sie in ein bestimmtes Alter kommen. Man sollte sie grundsätzlich austauschen.

Goldhaus

Aber sie wirkt doch immer noch sehr attraktiv, dynamisch und unternehmungslustig.

Jedermann

(lacht laut auf) Das wohl, Goldhaus! Aber, so absurd es klingt, ihre Aktivität liebt die Eintönigkeit. Sie sorgt sich doch nur noch um ihr Seelenheil, weil der Mensch weder den Tag noch die Stunde kennt, wie sie meint. Deshalb rennt sie bei jeder Gelegenheit in die Kirche, tut Buße und spendet und spendet. - Wofür auch immer? - Und engagiert sich darüber hinaus in allen möglichen christlichen Sozialverbänden und -vereinen! Früher war ihr das alles eher gleichgültig. Heute setzt sie auf die verheißene Glückseligkeit im Jenseits! Das ist ihr erotisches Programm!

Goldhaus

(süffisant) Ein riskantes Spiel auf etwas zu setzen, was nicht mehr als eine Illusion ist. Oh! Da ist mir die irdische Glückseligkeit schon lieber, wenn ich nur an den in Aussicht gestellten Gaumenkitzel denke! Im Leben muss man sich etwas gönnen. Ich glaube nicht, dass das Hernach im Holzsarg als Würmermahlzeit *(lacht hämisch)*

oder als Asche in der Urne so besonders verlockend sein kann.

Jedermann

Sie haben heute wieder einmal Ihren makabren Tag, Goldhaus!

Goldhaus

Was ist daran makaber? Ich spreche lediglich aus, was die meisten verdrängen. Es ist das reale Ziel unseres Lebens. Von der überirdischen Glückseligkeit abgesehen, liegt ihre Frau schon richtig. Irgendwann kommt das Ende. Oder können Sie mir etwas anderes offerieren?

Jedermann

Noch verschwende ich darauf keinen einzigen Gedanken, mein Freund! Warum sollte ich auch? Bei meiner Konstitution! Und bei der gestiegenen Lebenserwartung! Mit der heutigen Jugend, mit diesen verzogenen Softiegeschöpfen, kann ich es immer noch aufnehmen.

Goldhaus

Auch ich bin ganz und gar nicht darauf begierig, dieses endgültige Aus bereits morgen zu genießen, wo der gegenwärtig lebende Mensch durchaus einhundertdreißig Jahre alt werden kann, wie neulich amerikanische Gerontologen ausgerechnet haben.

Jedermann

O! Welch rosige Aussichten, Goldhaus! Wenn das nicht nur für Frauen gilt, befinden wir uns ja jetzt im allerbesten Alter! Fast noch in der Pubertät, mein Freund. Die Blütezeit des Lebens beginnt dann wohl erst!

Goldhaus

Das möchte ich meinen. Nützen wir sie! Carpe diem! Wie der Lateiner sagt!

Jedermann

Wir können uns unter solchen Bedingungen allerdings etwas länger Zeit lassen als der alte Horaz! Etwas ausgiebiger unsere geschäftlichen Erfolge feiern, etwas längere Nächte genießen, etwas intensivere Liebschaften pflegen! ... Ein paar Mal öfters heiraten!

Goldhaus

Vorsicht, Jedermann! Das könnte uns teuer zu stehen kommen. Belassen wir es bei unseren gegenwärtig gepflegten Rechtsformen. Sie scheinen mir zumindest für uns beide wirtschaftlicher zu sein.

16

Jedermann

Das ist wahr! Erhalten wir uns das einst mühsam eroberte Glück irdischer Freiheit, um allein und unkontrolliert in den Erlebnisurlaub gehen zu können, auf Kur, auf Kreuzfahrten, zu ganz speziellen Safaris...

Gemeinsam

... und in den Eros-Center! *(lautes Lachen)*

Jedermann

Sie haben Recht! Da ist jegliche Variation des Schönen inbegriffen und zeitlich begrenzt! Man kann sich verabschieden, bevor es langweilig wird.

Goldhaus

Das sind Offerten, mein Freund! Das nenne ich beste programmatische Strategie! Wann werden wir beide ...?

(Er verstummt, weil Frau Jedermann eintritt und den Tisch deckt.)

Jedermann

(ernsthaft) Goldhaus! Spaß beiseite! Ich will leben! Jetzt leben! Mit Luxus, Lust und Leidenschaft! Und das eine möglichst lange Zeit! Dafür habe ich gearbeitet, dafür arbeite ich! Das ist meine Devise! Meine einzige! Ein unumstößlicher Grundsatz meines Lebens!

Goldhaus

(sehr salopp) Danach kommt ohnehin nichts mehr, Jedermann! Nichts mehr! Das Leben endet im Nichts.

Frau Jedermann

Ist es den Herren so genehm? Kann ich noch etwas für sie tun?

Goldhaus

Oh, wie köstlich, gnädige Frau! Wie köstlich! Wie immer ... unübertrefflich!

Jedermann

Greifen Sie zu, Goldhaus! Greifen Sie zu!

(Goldhaus folgt der Aufforderung mit Eifer. --- Jedermann wendet sich seiner Frau zu.) Nicht wahr! Mein guter Hausgeist! Wir beide haben unsere ganz eigenen Lebensgrundsätze und Strategien. Jeder die seinen ...

Frau Jedermann

(fällt ihm ins Wort) Nur fehlen deinen gewisse Prinzipien!

Jedermann

(fährt unbeirrt fort) Wir halten sie strikt ein. *(zu Goldhaus gewandt)*

17

Und wir tolerieren sie gegenseitig und achten uns dabei. Und so werde ich gewiss einhundertdreißig Jahre alt. *(hämisches Lachen)*

Frau Jedermann
(amüsiert) Sprachst du von Toleranz und Achtung? Welche Visionen du heute hast! Ob du wenigstens bis in dieses hohe Alter so viel Souveränität besitzt, um auch einmal eine andere Meinung gelten zu lassen, außer deiner eigenen! Und ob bis dahin dann wenigstens ein Mensch geboren wird, den du wirklich achtest? Von dir abgesehen natürlich. Ich habe da meine Zweifel.

Jedermann
Du vergisst meine Achtung vor dir, meine Verehrteste? Ist sie nicht bereits eine geschichtliche Tatsache? Nach so vielen gemeinsamen Ehejahren! Und sie wächst immer noch, von Tag zu Tag.

Frau Jedermann
Wirklich? Man könnte es vielleicht manchmal vermuten, wenn Besuch im Hause ist. Es würde mich schon überraschen, wenn du den Dienstleistungen einer besseren Haushälterin als die du mich nun seit Jahren beschäftigst, jetzt plötzlich einen so hohen Stellenwert einräumen solltest! Nein, mein Lieber, mein Leben ist dir doch in höchstem Maße gleichgültig, solange ich für dich arbeite und deinen Begehrlichkeiten nicht im Wege stehe. Oder?

Jedermann
Du und Haushälterin! Mache mich nicht zum Geizhals und Egoisten! Was soll Goldhaus von uns denken? Wir verfügen über genügend Personal. Nur in deinem Küchenreich hast du es doch immer abgelehnt, obwohl es bei unserem Lebensstandard gerade hier eine Selbstverständlichkeit sein sollte.

Frau Jedermann
Lenke nicht ab! Du weißt ganz genau, wie ich es meine.

Jedermann
(ironisch) Habe ich dich etwa missverstanden?

Frau Jedermann
Ich darf dich trösten. Auch in dieser Rolle, die ich bei dir zu spielen habe, nehme ich mein Credo sehr ernst. Ich lebe es, so gut ich es vermag. Meine Grundsätze verpflichten mich dazu, deinen Lebenswandel zu dulden, auch wenn es manchmal sehr schwer fällt, und für dich zu sorgen und dich in mein Nachtgebet einzuschließen.

Jedermann
(fällt ihr ins Wort) Wie selbstlos! Wie liebevoll! Wie aufopfernd ...
Frau Jedermann
... und darauf zu hoffen, dass du irgendwann doch noch zur Vernunft kommst und dich änderst. Auch wenn ich manchmal daran zweifle!
Jedermann
Wie wundergläubig! Du verdienst nicht nur meine Achtung, sondern meine ganze Hochachtung! Bei so viel Hoffnung!
Frau Jedermann
Was weißt du schon von Hoffnung? Hoffnung weist in die Zukunft! In eine, die du nicht sehen willst. *Hoffnung lässt nicht zugrunde gehen,* heißt es bei Paulus im Römerbrief.
Jedermann
So? Wieder so eine Weisheit aus der biblischen Klamottenkiste! Geld, Vermögen, Reichtum lassen nicht zugrunde gehen. Sie schaffen Ansehen und Freude! Und sie befreien von Sorgen. Auf sie setze ich, nicht auf eine vage Hoffnung wie du, auf irgendeine ominöse seelische Wunderheilung oder gar auf diese von dir so beschworene jenseitige Glückseligkeit. Was glauben Sie, Goldhaus?
Goldhaus
(Er ist intensiv mit Speise und Trank beschäftigt und blickt kurz auf.) Gewiss! Gewiss! ... Ihr Imbiss ist vorzüglich! Wirklich vorzüglich!
Frau Jedermann
Ja, du setzt auf Geschäfte, Geld, Gewinn! Auf Reichtum und noch mehr Reichtum! Wofür eigentlich? Für Kinder, die du nicht wolltest, weil du diese muttigestylten und verzogenen Marzipanengelchen, wie du sie nennst, verabscheust? Für Arme, die du übersiehst? Für Kranke, denen du aus dem Wege gehst? Für den Mitmenschen, der dir gleichgültig ist? Wofür? Ich empfinde oft Mitleid mit dir, aufrichtiges Mitleid.
Jedermann
Ich leide nicht unter meinem Reichtum, meine Gute! Dein Mitleid kannst du dir schenken. Mitleid kränkt mich. Es ist die verbale Tröstung der Armen und Schwachen. So ist es doch, Goldhaus!
Goldhaus
Gewiss! Gewiss! So ist es. ... Die Pastete ist exquisit, gnädige Frau! Wirklich exquisit! Von Dallmayr lassen Sie liefern?

Jedermann
(entschieden zu seiner Frau) Nur eines könnte ich nicht ertragen, Frau Jedermann, nicht einen einzigen Augenblick: Anderen auf der Tasche zu liegen! Hörst du! Auf andere angewiesen zu sein! Armut!

Frau Jedermann
(kurzes Einhalten) Wie richtig du dich doch manchmal siehst! Einzig und allein dir selbst, dir und deinem ausschweifenden Lebenswandel gilt deine ganze Sorge! So hast du es doch gemeint! Oder etwa nicht? Dabei hast du den Glauben an echte Werte lange verloren und damit jede Hoffnung auf die Erfüllung eines sich lohnenden Ziels.

Jedermann
Werte! Werte! Ich bin Unternehmer! Ich kenne nur einen greifbaren Wert: Geld! Reichtum! Und meine Ziele! Meine Ziele haben sich immer gelohnt. Das können Sie bestätigen, Goldhaus!

Goldhaus
Gewiss! Gewiss! Das beweist ihr edler Wein. Vorzüglich! Exquisit! Diese Blume!

Frau Jedermann
Wo sind aber deine großen Pläne, deine Ideale geblieben, Jedermann? Denke einmal zurück! An deine unbeschwerte, glückliche Kindheit und Jugend mit ihren aufrichtigen Wünschen und Träumen, von denen du mir früher, als wir uns kennen lernten, so oft erzählt hast! Ich war beeindruckt.

Jedermann
Was soll das? Früher! Nichts als weltfremde jugendliche Hirngespinste, pubertäre Fantastereien! Nichts anderes!

Frau Jedermann
Sie müssen in dir aber doch recht lange wirksam gewesen sein, diese pubertären Fantastereien! Wolltest du nicht ihretwegen dein Studium abbrechen und als Entwicklungshelfer nach Afrika gehen? Wolltest du damals nicht sogar gänzlich in die Dritte Welt auswandern, weil du diesen Scheiß-Wohlstand der imperialistischen Industrieländer mit ihrer kapitalistischen Ausbeutung und ihren Ausschweifungen – deine Wortwahl! – nicht mehr ertragen konntest?

Jedermann
Das hätte mein Vater niemals zugelassen.

Frau Jedermann
Warum hast du nicht auf deine Mutter gehört?

Jedermann

Allein der Vater bestimmte damals, was zu geschehen hatte. Das sollte dir bekannt sein.

Frau Jedermann

Und doch hast du mit ihm nicht selten gestritten! Ich erinnere mich an einen Besuch bei euch. Da flogen die Fetzen. Da hast du ihn, Gott und die Welt verflucht, weil die Schätze dieser Erde so ungerecht verteilt seien. Wir verseuchen Seen und Flüsse, vergewaltigen und vergiften die Natur und bringen die Erde zum Kochen, sagtest du, während die Kinder in der Sahelzone vergeblich um einen Schluck Wasser betteln und dann sterben. Wir, die ausbeuterischen Wohlstandsverbrecher, hätten umzudenken und Vieles gutzumachen. Das waren doch deine Worte und die vieler junger Leute damals? Oder täusche ich mich?

Jedermann

Rede keinen Unsinn! Das war das ganz natürliche Aufbegehren, der natürliche Widerspruchsgeist eines jeden Grünschnabels gegenüber den Alten! Du warst da viel zu brav.

Frau Jedermann

Auch wenn dann Afrika doch etwas zu weit entfernt war, in dir regte sich damals wenigstens noch ein Gewissen!

Jedermann

Was hätte ich denn schon ausrichten können? ... Goldhaus, was meinen Sie?

Goldhaus

(Er versucht abzulenken.) Sie haben Recht! ... Ein vorzüglicher Käse, gnädige Frau! Aus Frankreich! Jedem deutschen vorzuziehen!

Frau Jedermann

Sehr viel, Jedermann! Sehr viel hättest du bewegen können! Der Glaube an das Gute, die Hoffnung auf eine bessere Zukunft und die Liebe zu Gott und zum Nächsten bewirken mehr als deine Müllhalden erschacherten Geldes. Der plötzliche Tod deines Vaters und vor allem, vor allem das Erbe, das nicht unbeträchtliche Erbe, ließen dich die Armut in Afrika sehr schnell vergessen.

Jedermann

Soll ich meinem Schicksal dafür böse sein? *(zynisch)* Dein lieber Gott hat es ja so gewollt. Warum musste mein Vater so früh sterben?

Frau Jedermann

(ironisch) Wohl deshalb, damit du den lieben Gott zuerst wegen dieser Ungerechtigkeit anklagen, ihn darauf vergessen, dann dein Erbe mit allen Mitteln vermehren und gleichzeitig dein Leben auf deine Art so richtig genießen konntest. *(ernsthaft)* Du hast es genossen, bis heute genossen! Und du genießt es weiter, ... bis zum bitteren Ende! Aber du hast es verlernt dieses Leben zu lieben. Wo ist deine Zukunft, Jedermann? Wo?

Jedermann

(ärgerlich) Und meine Hotels, meine Restaurants, meine Spielcasinos, meine Etablissements? Baue ich sie vielleicht für mich? Bieten sie nicht jedem Menschen Zeitvertreib, Spaß Vergnügen, Erholung? Bieten sie nicht jedem den begehrten Luxus? Heute und morgen? Darauf kann man doch stolz sein! Ich will es nicht irgendwann einmal bereuen müssen, dass ich geboren worden bin. Oder ... was meinen Sie, Goldhaus?

Goldhaus

Das müssen Sie sicher nicht bereuen. Ihr Reichtum, Ihr Einfluss, Ihr Ansehen ... Sie sind in aller Munde.

Frau Jedermann

Wohl auch deshalb, weil sie manch anderem die Existenz kosteten, Herr Goldhaus! Früher ist er einmal eine Zeitlang mit der Mao – Bibel herumgelaufen und hat allgemeine Wohlfahrt gepredigt.

Jedermann

Mao – Bibel! Mao – Bibel! Das war nur Neugier, aber nie meine Sache! Jeder sollte selbst wissen, was er sich leisten kann. Auch ich habe mein Risiko zu tragen. Oder was meinen Sie, Goldhaus?

Goldhaus

(blickt kurz auf) Gewiss! Gewiss! So ist es! ... Welch ein süperbes genüssliches Arrangement! Diese Früchte, gnädige Frau! Diese Früchte! Wie delikat! Ein wirklicher Genuss!

Jedermann

(überlegt) Und was dich betrifft, meine Liebe! Möchtest du vielleicht arm sein? Woher wolltest du ohne mein Einkommen deine großzügigen Geldspenden an deinen hochwürdigen Herrn Pfarrer beziehen? Es sind ja in deiner Situation auch nicht gerade christliche Opfer, die du da, wohl gemerkt, aus meinen Einkünften bringst. Oder sehe ich das falsch? *(mürrisch)* Lassen wir das! *(Er wendet sich*

verärgert ab von seiner Frau.) Sehen Sie, Goldhaus! So sieht meine tägliche Seelenwäsche aus. Darf ich Ihnen einen edlen Klaren einschenken? *(Er schenkt ein, ohne auf Antwort zu warten.)* Wollen wir zur Sache kommen, bevor wir uns auch noch anhören müssen, was der Herr Pfarrer jeden Sonntag predigt. Das ist ihr Geschäft! *(Frau Jedermann verlässt schweigend die Szene.)*

Goldhaus
Nun, der Pfarrer spielt auch bei unserem Geschäft eine gewisse Rolle.

Jedermann
Warum? *(ironisch!)* Spekuliert neuerdings er mit Immobilien?

Goldhaus
Nein, das nicht gerade! Er spekuliert lediglich auf unser Grundstück neben der Pfarrkirche, wie man beim Leichenschmaus unseres verstorbenen Freundes Feierabend hören konnte. Seine junge Witwe will es ihm günstig verkaufen. Die schöne Amanda hat das Geld schließlich bitter nötig nach den fehlgeschlagenen Spekulationen ihres Verblichenen.

Jedermann
Und was will er damit anfangen?

Goldhaus
Der Bürgermeister deutete an, dass das Ordinariat bereits Mittel für ein Pfarrgemeindezentrum in Aussicht gestellt habe. Kein Standort würde sich hierfür besser eignen. Wir müssen uns beeilen, wenn Ihre Pläne mit Nobelhotel und Spielcasino im Herzen der Stadt nicht fromme Wünsche bleiben sollen.

Jedermann
Goldhaus! Das lassen Sie meine Sorge sein. Das Grundstück gehört mir. Da gebe ich Ihnen Brief und Siegel darauf. Schauen Sie lieber, dass unsere Pläne endlich fertig werden, damit wir sie einreichen können.

Goldhaus
Sie sind fertig, mein Freund! Deshalb habe ich Sie um Audienz gebeten. Ich wollte schon vorhin im Club mit Ihnen darüber sprechen. Aber bei den vielen Leuten! Sie wissen ja! Sagte ich Ihnen nicht schon vor Tagen, dass nur noch Ihr Plazet fehlt? *(Er holt einen Bauplan aus einer Aktentasche und breitet ihn auf dem Tisch aus!)*

Jedermann
Gewiss! Sie deuteten es an. Aber kann man euch Architekten denn immer beim Wort nehmen?

Goldhaus
Sehen Sie her! Alles nach Jedermanns Wünschen! Ein großartiges Projekt! Es wird Aufsehen erregen ... und sich lohnen! *(Er beugt sich über den Plan!)* Im Zentrum Hotel und Restaurant! Getrennt davon im eigenen Trakt, der nach Norden ausgerichtet ist, Konferenz- und Medienräume, Festsaal! Das alles kennen Sie ja bereits.

Jedermann
Gewiss! Das hatte ich so festgelegt!

Goldhaus
Dann, gegenüber der Residenz des Pfarrers, der Wellnessbereich. Man kann ihn vom Haupttrakt aus gut erreichen. Eine Glaskuppel sorgt für viel Licht. Hier das Entspannungsbad mit Meditations- und Relaxingsuite, anschließend Gymnastikraum und Fitnessstudio ... und, wie von Ihnen vorgeschlagen, zur Kirche hin Spielcasino und Bar mit gesondertem Eingang.

Jedermann
(süffisant) Ja! Nach der religiösen Askese die notwendige Entspannung und das Vergnügen! Ist das keine Alternative zum traditionellen Frühschoppen im Wirtshaus?

Goldhaus
Dieses Männerprivileg gehört lange der Vergangenheit an, mein Freund! Es geht nicht allen so gut wie uns beiden. Der Hausherr regiert nicht mehr allein. Er genießt als Hausmann allenfalls noch die Gleichberechtigung.

Jedermann
Umso besser. Vielleicht trägt diese zu einem größeren Kundenkreis in meinem Casino bei.

Goldhaus
Möglich! Wenn ihn in Zukunft die Diktatur des Matriarchats nicht wieder schwinden lässt! ... Lassen wir diese soziologischen Schreckensvisionen! Kommen wir zu den Details des Bauplans!

Jedermann
Eine großzügige Lobby und eine Boutique haben Sie trotz Ihrer Bedenken nun doch noch untergebracht wie ich sehe. Wo aber befinden sich Solarium, Sauna, Dampfbad und die dazu gehörenden

24

Rekreationsräume?

Goldhaus

(nimmt anderen Plan zur Hand) Ich habe sie ins Untergeschoß verlagert! Zusammen mit der Salzgrotte! Damit in den oberen Etagen die Räume nicht zu klein werden, ihre Großzügigkeit nicht verlieren. Wir werden damit den Kostenrahmen nicht wesentlich sprengen.

Jedermann

(betrachtet den Plan genau) Vorzüglich, Goldhaus! Vorzüglich! Auch die Zufahrt zur Tiefgarage! Sie haben meine Vorstellungen glänzend umgesetzt. Selbst Pfarrer und Kirche gehen, architektonisch und *(süffisant)* vielleicht sogar anatomisch gesehen, bei dem vielen Glas nicht leer aus, wo nun auch schon dem weiblichen Geschlecht nach dem Gottesdienst männliche Rechte einzuräumen sind. Ich bin ein sozialer Mensch, Goldhaus! Der Weiblichkeit die Selbstbestimmung, der Geistlichkeit der Augenschmaus, uns die Freude am Gewinn! Jedem das Seine, wenn nur der Rubel rollt und die Geschäfte blühen! *(Er unterschreibt!)*

Goldhaus

Jetzt brauchen wir noch das Grundstück dazu. Und zwar umgehend!

Jedermann

Wie gesagt, sein Kauf ist reine Formsache. Ich werde es schnellstens beschaffen, damit uns der Pfarrer nicht zuvorkommt. Sorgen Sie lieber dafür, dass unser Plan hernach sofort genehmigt wird.

Goldhaus

Da könnte er nun in der Tat Schwierigkeiten machen. Hoffentlich verzögert er das Projekt nicht unnötigerweise, weil es nicht ins historische Stadtbild passt, oder besser gesagt, nicht neben seine gotische Kirche. Ensembleschutz usw.! Sie wissen schon! … Und natürlich auch sittliche und religiöse Bedenken!

Jedermann

Gegen den Bauplan wird er kaum Einwände riskieren. Er braucht von mir dringend ein recht ansehnliches Grundstück für die Friedhofserweiterung, sonst kann er seine Toten im Pfarrhaus lagern. Auch die besagte Spendenfreudigkeit meiner Frau würde auf einen Schlag beendet sein. Dafür garantiere ich!

Goldhaus

(sarkastisch!) Aber mein Freund! Was sind das für Geschäftsgebaren? Frau, Geistlichkeit und Kirche gegenüber!

Jedermann
Weib bleibt Weib! Kirche bleibt Kirche! Geschäft ist Geschäft! Goldhaus, Ihnen muss ich das doch nicht sagen. Und außerdem: Gewerbe- und Wirtschaftsverband und der Stadtrat stehen auf unserer Seite. Ihnen geht es um die Belebung der Innenstadt. Ein Pfarrgemeindezentrum bringt keine Umsätze und keine Steuereinnahmen. Einen solchen Luxus können wir uns in der Gegenwart nicht leisten. Oder haben Sie schon einmal gehört, dass die Kirche Gewerbesteuer entrichtet?

Goldhaus
(Er erhebt sich und macht sich auf den Weg.) Was für ein absurder Gedanke! Sie verschwendet Steuern für nicht notwendige Vorhaben wie ein Pfarrgemeindezentrum. Da bedarf eher noch der alte Kirchenbau dringend der Restaurierung ... oder des Abbruchs! Daran sollte der Pfarrer gewiss zuerst denken.

Jedermann
Auch allein schon meines Projektes wegen   ...

Goldhaus
... und dem ganzen Stadtzentrum zuliebe! Aufwändige moderne Architektur neben einem sanierungsbedürftigen Gebetsstadel! Gewiss kein einladendes Bild! Und dazu das fortwährende störende Geläute der Glocken! Selbst wenn man heute zumeist lieber ins Casino als in die Kirche geht, auch eine Spielhölle braucht ein werbewirksames Ambiente! ... Ich höre von Ihnen!

(Jedermann geleitet den Gast zum Ausgang. Von draußen ist der Spendenappell der Kinder zu hören.)

Erstes Kind
Misereor! Misereor! Gegen Hunger und Krankheit in der Welt! Bitte, eine kleine Spende!

Beide Kinder
Misereor, Brot für die Armen! Misereor! Gegen Hunger und Krankheit! Bitte eine kleine Spende! Misereor! Misereor!

Zweites Kind Misereor! Misereor! Bitte eine kleine Spende! Gegen Not und Unterdrückung in der Welt! Misereor!

Beide Kinder
Misereor! Misereor! Bitte eine kleine Spende!

Jedermann
Diese Kinder kennen kein Erbarmen! Kein Erbarmen!

26

2. Bild: Liebschaft

„Wehe der Welt mit ihrer Verführung ..."
(Matthäus 18,7)

Sprecher

Wahre Liebe heißt Entbehrung,
Sieht im Andern ihre Pflicht,
Unterwirft sich der Verehrung
Und dem Opfer und Verzicht.

Wenn Geld und Reputation
Alleine weisen Weg und Ziel,
Wird Liebe schnell zur Illusion,
Begegnung seichtes Liebesspiel.

Wenn immer nur des Ichs Begierde
Nach dem eignen Nutzen strebt,
Verliert der Liebe Du die Würde,
Weil es Erfüllung nicht erlebt.

Wo gar des Eros Heimlichkeit
Das Herz umschmeichelt und betört
Beginnt der Lüge dunkle Zeit.
Des Lebens Ordnung wird gestört.

Opfer kann vor allen Dingen,
Nur wer sein Ich beherrschen kann,
Aus Freude und aus Liebe bringen.
Jedoch gewiss nicht jedermann.

Ort: Im Hause der Amanda Feierabend
Personen: Jedermann, Amanda

Jedermann
(Er klopft, nach allen Seiten spähend, vorsichtig an die Pforte.)
Amanda! Wo bist du denn, meine kleine süße Feierabendmotte?

Mach auf, ein sehnsüchtig Liebender begehrt Einlass! Amanda! Amanda, schnell, mach auf, ich habe den Schlüssel zu dir verlegt. --- Mach doch auf, bevor mich jemand sieht!

Amanda
(Sie lässt ihn ein, umarmt ihn und spricht mit freudig- ironischem Unterton) Ach, da schau an, mein heimlicher loser Nachtschwärmer vor verschlossenem Séparée! Welcher Honiggesang aus seinem Munde! Gleich einer Nachtigall! Du heißt doch Jedermann und nicht Romeo. Und ich bin Amanda, nicht Julia! Wonach sehnt er sich denn so um die mitternächtliche Stunde?

Jedermann
(in schauspielerischer Pose)
Der Liebe leichter Schwingen trugen mich,
Kein Bollwerk kann der Liebe wehren;
Und Liebe wagt, was irgend Liebe kann ...

Amanda
Jedermann, der Protagonist! Nicht gerade etwas Neues! Aber dieser poetische Auftritt heute!

Jedermann
Du solltest bewundern, was mir vom Theaterspiel am Gymnasium beim alten Kuppler noch geblieben ist! Trotz seiner miesen Proben! Ich bin stolz auf mich!

Amanda
(ironisch lächelnd) Wer würde es wagen, dich nicht zu bewundern, du großer unvergleichlicher Shakespearemime! Freilich, um auswendig Gelerntes zu rezitieren, braucht man nicht unbedingt ein Gymnasium und muss nicht unbedingt stolz auf sich sein. Wie ich dich kenne, treiben dich bei solchen Anwandlungen ganz spezielle Begierden zu mir!

Jedermann
Ich schwöre, Fräulein, bei dem heilgen Mond,
Der silbern dieser Bäume Wipfel säumt ...,
… dass nur die wahre Leidenschaft mich treibt.

Amanda
So! Nur die wahre Leidenschaft? Welche deiner zahlreichen ist denn die wahre?

Jedermann

Die zu dir, mein süßer sündiger Engel!

Amanda

Abhängigkeit ist heiser, wagt nicht laut zu reden.

Auch das ist Shakespeare! ... Abgesehen davon, du brauchst sie jetzt nicht mehr zu verbergen, deine Leidenschaften, und so heimlich hereinschleichen. Ich bin frei ... frei für dich! Unser argwöhnischer und eifersüchtiger Aufpasser hat das Zeitliche gesegnet.

Jedermann

Trotzdem, meine schöne Königin der Nacht, ... es muss nicht im nächsten Augenblick die ganze Stadt erfahren, dass wir recht delikate Beziehungen pflegen. Das würde nur Anstoß erregen.

Amanda

In Verona haben selbst Heimlichkeiten die Tragödie nicht verhindern können.

Jedermann

Gerade darin kann aber ein besonderer Reiz liegen. So ein Tête-à-tête mit dir und sterben! Welche Erfüllung! Welch sanfter Liebestod!

(Sie nehmen auf einem Sofa Platz.)

Amanda

Schmeichler! Du und der Tod? Unvorstellbar! Plagen dich nicht eher gewisse Skrupel vor der Wahrheit, mein geheimnisvoller Romeo der Finsternis? Davor, der Öffentlichkeit endlich reinen Wein einzuschenken! Weniger über unsere Vergangenheit als über unsere gemeinsame Zukunft! Ich bin frei für dich! Hörst du? So ganz und gar frei. Und den Tod musst du nicht fürchten, nicht einmal einen Eklat, weil dein Versteckspiel jetzt erst entdeckt werden könnte!

Jedermann

Was soll das heißen, Amanda?

Amanda

Wo lebst du denn? Schon lange kursiert das Gerücht über unser so sorgsam gehütetes Geheimnis! Über dieses gar zu schlüpfrige Konkubinat, wie man es nennt. Lange schon zerreißt man sich vor allem in deiner noblen Gesellschaft über uns die Mäuler. Und das nicht einmal mehr hinter vorgehaltener Hand!

Jedermann

Nicht, dass ich wüsste! Was sagt man denn?

Amanda

(süffisant) Was wohl? Wer kennt den sprachlichen Tenor des so genannten patrizischen Bürgertums hier besser als du?

Jedermann

Du bist in dieser Hinsicht doch auch nicht gerade unerfahren!

Amanda

Bei weitem aber nicht so geübt wie deine - ach so vornehme - Nachbarin, die diamantengarnierte Frau Kiesgrubenausbeutersgattin! Erst gestern im Friseursalon! Lauthals! Sie sah mich nicht, weil ich unter der Haube saß.

Jedermann

Ich bin ganz Ohr! Was bewegte sie denn, die Allwissende!

Amanda

… bewegte sie! Sie echauffierte sich! *(imitiert)* Wie die nur zusammenfinden konnten! Der Jedermann und diese Alabasterpuppe, wie aus einem Undergroundfilm! Dieses Feierabendliebchen! Unerklärbar! Diese Paarung eines Partylöwen mit einer ausgehungerten Sumpfkröte! Freilich: Gegensätze ziehen sich an. Darin liegt gewiss ein abenteuerlicher Reiz. Finden Sie nicht auch, Frau Lockengel? … Aber auch ein hohes Maß an Geschmacklosigkeit. Eine solche Liaison! Und nun schon über eine so lange Zeit! Ach nein! Wie langweilig! Und wie unsittlich! *(Sie holt tief Luft.)* … Das ist der sprachliche Duktus des von sich selbst geadelten und so überaus elitären Bildungsbürgertums dieser Gernegroßstadt! Die weibische Variante! Dazu von einer Dame, die zumindest nach jedem Neumond ihre ermüdeten erotischen Bettwärmer wechselt, ohne dass sie dabei auf ihren Adel schaut.

Jedermann

Ist das alles?

Amanda

Aber nein! Sie kam dann erst so richtig in Fahrt! *(ernsthaft, erregt)* Du, der gebildete, begehrenswerte, stinkreiche und angesehene Mann von Welt mit seinen sonst so unerschütterlichen ethischen Grundsätzen! Wirtschaftsmagnat! Sinnbild unwiderstehlicher Machoherrlichkeit! Und was noch alles! Und ich, die kleine Nymphomanin und zugleich berechnende, genusssüchtige Verführerin, die ihren gutmütigen Alten ins Grab gebracht hat, um ihrem Galan nun umso besser das Geld aus der Tasche ziehen zu

30

können. Geld sei für so eine die Ersatzdroge für fehlende High Society-Reputation!

Jedermann

Wie spannend! Wie aufregend!

Amanda

Und dann das Furioso: Diese käufliche Ehebrecherin, die ihren gesetzlich Verpflichteten in den Ruin trieb! Diese ausbeuterische Schlampe! Was der Jedermann nur an dieser Sexziege so aufregend findet! Da hätte sie selbst doch Einiges mehr zu bieten. Sogar geistig! *(sarkastisch)* Ein melodramatisches Thema für unsere kleinstädtische Tratsch- und Gerüchteszene!

Jedermann

(süffisant) Aber Amanda, was kümmert dich dieses Geschwätz! Du betreibst doch kein anrüchiges Etablissement! Oder bist du vielleicht rückfällig geworden?

Amanda

Ein wenig mehr Ernsthaftigkeit, mein kapitaler Geliebter! Auch wenn es grob vereinfacht ist, ... so ist es in vieler Mund! Und im Kern, wenn ich so überlege, im Kern ist es ja auch gar nicht so falsch. Von Romeo und Julia kann bei uns jedenfalls nicht die Rede sein. Gewiss nicht!

Jedermann

Mein Liebling! Was machst du dir da für Gedanken? Hat dich der Tod deines Herbergsvaters so sehr verwirrt? Es stimmt doch überhaupt nichts von dem, was man da herumtratscht. Ich habe dir immer gerne geholfen, ohne ein Wort darüber zu verlieren. *(gönnerhaft)* Und außerdem! ... Diese paar Kröten, die ich dir für ein wenig Luxus spendiert habe, ... sie sind doch nicht der Rede wert!

Amanda

(mit ironischem Unterton) Keine falsche Bescheidenheit, Jedermann! Die steht dir am wenigsten! – *(ernsthaft)* Betrachte es einmal ganz realistisch! Bezahlt hast du mich für meine Liebesdienste, fürstlich bezahlt! Mit barem Geld, und mit nicht wenig! Kostbarer Schmuck, teuere Reisen und anderer Luxus kamen dazu. Ich musste meinem Verflossenen gegenüber die Herkunft verheimlichen oder vage Begründungen suchen, wie ich dazu kam. Es war viel zu viel für das, was ich dir zu bieten hatte!

Jedermann

Seit wann denkst du so ökonomisch?

Amanda

Es gab eine Zeit der Armut, in der ich alleine für mich sorgen musste. Und überdies: Von dir wurde ich über das Verhältnis von Geldwert und erbrachter Dienstleistung sehr eingehend aufgeklärt!

Jedermann

Vergiss eines nicht! Bewertungsgrundlage hierfür ist eine feste vertragliche Vereinbarung.

Amanda

Und unsere Liebesschwüre? Sind sie keine vertragliche, eigentlich schon gewohnheitsrechtliche Vereinbarung?

Jedermann

Amanda! Welche Vorstellung! Meinst du dies wirklich ernst? ... Was immer ich für dich getan habe, ... noch einmal: Ich habe es gerne getan. Ich wollte dir stets nur eine kleine Freude machen!

Amanda

Mag sein! Trotzdem hatte ich immer ein schlechtes Gewissen. Ich war ja nicht nur die Geliebte. Ich war vor allem auch die Bedürftige! Deshalb musste ich diese kleine Freude, wie du sie nennst, weniger als Geschenk, sondern vielmehr als Bezahlung empfinden. Ich genoss so manche Annehmlichkeit, auf die ich sonst hätte verzichten müssen. Für die, die dich liebt, war das alles, wenn ich es so bedenke, in höchstem Maße entwürdigend.

Jedermann

Wie kannst du dir nur deswegen dein schönes Köpfchen zerbrechen? Warum machst du solche Nebensächlichkeiten zu Problemfällen? Ich kenne dich nicht mehr!

Amanda

Befreie mich von diesen Nebensächlichkeiten, unter denen ich so sehr leide! Bin ich denn für dich wirklich mehr als nur eine bezahlte Geliebte?

Jedermann

Was soll diese Frage? ... Amanda! Sei lieb!

Amanda

(hämisch und resolut) Beantworte sie! Lüfte die Bettdecke, mein mysteriöser Nachtschwärmer! Sorge für Klarheit! Schaffe jetzt Tatsachen und verschaffe den Leuten endlich volle Gewissheit,

damit sie ganz offen über uns reden und besser schlafen können.

Jedermann
Die Nachtruhe anderer kümmert mich wenig, wenn ich selbst gut schlafe. Auch nicht ihr hinterhältiges Geschwätz über mein Privatleben, solange es in dieser lokalen Gerüchteküche nur der oberflächlichen Unterhaltung dient. Es ist besser in aller Munde zu sein als tot geschwiegen zu werden. Mich stört das wenig.

Amanda
(fällt ihm ins Wort) Bei dir mag es vielleicht die Publicity sogar noch weiter steigern. Aber bei mir? Stehen mir denn nicht wenigstens auch etwas Wertschätzung und eine kleine Zukunft zu?

Jedermann
Sprich von uns, Liebes, von uns! Es geht um unsere Zukunft! Schau, mein Goldstück, wir haben doch Zeit! Wir müssen uns gerade jetzt Zeit lassen, um nicht selbst Öl ins Feuer zu gießen. Kontenance, Geduld, ist gefordert! Zum Handeln gehört der rechte Augenblick! Bedenke doch! Mein Ruf und meine Geschäfte ...

Amanda
(imitiert ihn) ... und meine Pläne und meine Freunde und meine sonstigen gesellschaftlichen Verpflichtungen und was alles noch! Und bei alle dem: Sprich von uns, Liebes! Sprich von uns! Diese Töne sind mir allzu sehr vertraut.

Jedermann
Ich arbeite an einem großen Projekt, Amanda! Nur jetzt keinen Eklat! Jetzt kann ich ihn überhaupt nicht brauchen. Du solltest wenigstens die Trauerzeit für deinen Verblichenen einhalten. Mir zuliebe! Und außerdem habe ich noch einiges Grundsätzliche zu regeln. Das weißt du doch!

Amanda
(erregt) Später! Lass dir Zeit! Kontenance! Warte auf die rechte Gelegenheit! Ein Projekt steht bevor! Ich muss noch einige Dinge regeln! ... Welche denn? Etwa die Trennung von deiner Frau? Sie ist doch längst vollzogen! ... Wenn man dir glauben darf!

Jedermann
Amanda ... Liebes! Bitte! Werde nicht zynisch!

Amanda
Nichts anderes höre ich immer wieder von dir. Es wäre mir ja auch recht, wenn ich wenigstens die Gewissheit hätte, dass du es ernst

meinst mit uns beiden. Ich wäre schon zufrieden, wenn du endlich einen Zeitpunkt setzen würdest, an dem du dich zu mir bekennst.

Jedermann

Amanda, glaube es, er ist eher da als du denkst! Vertrau mir doch!

Amanda

Ja, er ist eher da als du denkst! Dein ständiger Refrain! Wie tröstlich! *(nachdenklich)* Freilich … ich verstehe ja dein Zögern, deine Zurückhaltung. Wer zeigt sich schon gerne in aller Öffentlichkeit mit einer wie mir. Dazu in diesem sensationssüchtigen und intriganten Nest! Wer wünschte sich eine mittellose Witwe mit anrüchigem Vorleben hier schon zur Frau? Eine, über die man sehr viel, aber gewiss nichts Schmeichelhaftes spricht!

Jedermann

Sind meine Versprechen wirklich so wenig wert?

Amanda

Im Augenblick bin ich so unsicher wie die Leute mit ihren vermuteten Wahrheiten, wie jemand, der dann erst etwas glaubt, wenn er dafür einen Beweis hat. ... Ich fühle mich innerlich gespalten. Ich sehne mich nach ein wenig Sicherheit, ein wenig Geborgenheit, nach einem wirklichen Daheim, danach, jemanden zu gehören, den ich liebe, für den ich da sein kann! Und ich frage mich gleichzeitig, ob ich das überhaupt verdient habe.

Jedermann

Was soll diese Bescheidenheit! Du hast mehr als das verdient! Ganz gewiss!

Amanda

Wirklich? Eine mit meiner Vergangenheit!

Jedermann

Was war, ist vorbei! Vergiss es, Amanda!

Amanda

Wie sollte ich die Vergangenheit vergessen können, wenn mich das Gefühl nicht loslässt, dass mein Leben immer ein ruheloses, ein zielloses, ein unerfülltes bleiben wird. *(nachdenklich)* Ein Leben, über das zwar längst ein unumstößliches Urteil gefällt ist, gegen das man aber am liebsten endlos prozessiert.

Jedermann

Amanda, Liebes! War die Zeit mit mir eine unerfüllte? War unsere gemeinsame Vergangenheit eine wertlose, ja gar eine leidvolle für dich? Amanda, bist du nicht ungerecht? Für mich war sie aufregend, voller Reiz und voller Spannung ... und voller Lust. Gerade deshalb, weil sie mit der sinnlichsten und schönsten Frau der Welt eine heimliche, eine verstohlene bleiben musste.

Amanda

Eher eine gestohlene, mein Liebster! Eher eine gestohlene!

Jedermann

Du solltest nicht übertreiben.

Amanda

Wo siehst du da eine Übertreibung? Ich wollte von Anfang an zu dir gehören, wünschte mir von Anfang an klare Verhältnisse. Du versprachst es. Das weißt du ganz genau! Dann galt es doch immer wieder dein Gesicht in der Öffentlichkeit zu wahren, deinen Ruf zu schonen, dein Image zu pflegen! Nicht das meine! Ich wäre stolz darauf gewesen, an deiner Seite durch die Stadt zu gehen. Und ich wäre es immer noch. Als verwitwete Feierabendmotte möchte ich jedenfalls mit dir keine gemeinsame Zukunft verbringen.

Jedermann

Beruhige dich! Dein Wunsch ist durchaus berechtigt, aber ...

Amanda

(fällt ihm ins Wort) ... Aber! Aber! Du hattest das Glück, dass ich es in meinem Leben sehr früh gelernt habe an nichts Schönes mehr zu glauben und dafür die Lüge zu meinem alltäglichen Begleiter zu machen. Eine, die mit fünfzehn Jahren den Vater verlor, bei einer alkoholkranken Mutter lebte, in ihrem ersten Liebestaumel vom vermeintlichen Freund missbraucht wurde, eine halbwegs aussichtsreiche Berufsausbildung abbrach und letztlich in der Gosse ihren Lebensunterhalt erschacherte ...

Jedermann

Amanda, das ist lange vorbei! Ich bitte dich: Sprich nicht mehr darüber!

Amanda

Ich hätte es als Glück begreifen müssen, dass mich ein Rechtschaffener aus dem Dreck gezogen hat und zu seiner Frau nahm. ... Das wissen alle, Jedermann! Meine Schuld war von Anfang an kein Geheimnis.

Jedermann

Ich dachte, du liebtest ihn nicht! Das war doch der Grund dafür, dass wir zusammenkamen.

Amanda

Nein! Ich liebte ihn nicht! Aber das gab mir noch lange nicht das Recht es zu gestatten, dass mich ein erfolgreicher Unternehmer und hoch geachteter Bürger der Stadt namens Jedermann, mich, die ja doch verheiratet war, zu seiner Kurtisane machte.

Jedermann

Kurtisane! Wie vornehm! Warum nicht gleich Mätresse? Liebst du denn wenigstens mich?

Amanda

Ach, wer glaubt denn schon daran, dass eine wie ich überhaupt fähig ist zu lieben. Es ist wohl eher die Mätresse, die hier einen besonderen Reiz ausübt!

Jedermann

Ich bin sprachlos! Ich kenne dich nicht mehr! Seit wann machst du dir solche Gedanken, seit wann plagt dich ein Gewissen? Woher so plötzlich diese akribische Moral?

Amanda

(aufgewühlt) Plötzlich, mein Liebster, plötzlich! ... Wie wenig du mich doch kennst! *(ruhig und gefasst)* Gleichwie! Ich liebe dich! Ich habe dich von Anfang an geliebt! Aber ein heimliches Patrizierliebchen möchte ich gerade deshalb fortan nicht mehr bleiben.

Jedermann

Welche hohe Wertschätzung der Sittlichkeit! Ich bin sprachlos.

Amanda

Spotte nicht! Es tut mir weh. Auch unsereinen verschont die Moral mitunter nicht! Ich hätte jenem, der mich wohl wirklich sehr liebte, der sich eine Familie wünschte, wenigstens dafür dankbar sein müssen, dass er sich mit mir in der Öffentlichkeit zeigte, sich meiner nicht schämte und mich gleichzeitig an eine längst vergessene schönere Welt erinnerte. Ich habe viel Gutes von ihm erfahren, auch wenn es ihm letztlich dann doch nicht gelang mich in ein geordnetes Leben zu führen.

Jedermann

(hämisch) Was gelang ihm schon, deinem Herbergsvater?

Amanda

Er musste meinetwegen Vieles über sich ergehen lassen. Nicht nur in der Öffentlichkeit. Er nahm es hin. Er wusste von uns beiden mehr als wir meinen. Er schwieg. Und seine Risikogeschäfte dienten wohl auch dazu, mir mehr bieten zu können, weil er Angst hatte mich letztlich doch irgendwann wieder zu verlieren, … an einen, wie den Herrn Jedermann, zu verlieren. *(kurze Paus, dann nachdenklich)* Er hat dabei alles verloren und mich nie gewonnen.

Jedermann
Nun in der Tat, sein Erfolg war nicht gerade berauschend! Nirgendwo! Wenn ich nur an seine Verbindlichkeiten denke!

Amanda
Rede nicht gar so verächtlich über ihn! Ihm fehlte auch das Glück. Und wer zudem dir und Goldhaus so richtig ins Gehege kommt, provoziert den eigenen Ruin. Daran hätte er denken müssen.

Jedermann
Ich bin doch kein Unmensch, Amanda! Was tue ich nicht alles für die Öffentlichkeit! Was habe ich nicht auch für ihn getan! Welche Geduld habe ich aufgebracht! Denke nur an die ständige Stundung seiner immensen Schulden!

Amanda
Ja! Du bist großherzig, wenn du letztendlich selbst doppelten oder dreifachen oder – wie hier – wohl sogar fünffachen Nutzen daraus ziehen kannst, um hernach den Kies auf Auslandskonten zu horten.

Jedermann
Hätte ich ihm gleich den Gerichtsvollzieher ins Haus schicken sollen? Das ist nicht meine Art! Ich war großherzig, Amanda! Ich habe ihm viel Zeit gelassen. Ich habe ihm eine faire Chance gewährt, die er nicht genutzt hat.

Amanda
Hör auf damit! Eine faire Chance! ... Eine langatmige Chance! Zu deinen Bedingungen! Bis ihm ganz allmählich die Luft ausging!

Jedermann
Irgendwann musste ja auch ich einmal auf meine Kosten kommen. Das ist ein Grundprinzip wirtschaftlichen Handelns, das bereits in der Bibel eine wichtige Rolle spielt. Du kennst es doch, dieses Gleichnis mit den Talenten!

Amanda
Gewiss! Aber deine Deutung ist mir neu.

Jedermann

Da gibt es nicht viel zu deuten! Es ist ein Naturgesetz des Lebens, ein Muss, dem jeder unterworfen ist, wenn er nicht auf der Strecke bleiben will. Der Schwache unterliegt immer dem Stärkeren. Das ist die Geschichte der Evolution.

Amanda

(zynisch) Da magst du Recht haben. Eine andere Erfahrung habe auch ich nicht gemacht. *(ernsthaft)* Jedoch nicht auf deiner, sondern auf der Seite der Verlierer. Auch meine Chancen waren Chancen in den Ruin.

Jedermann

(nimmt sie in den Arm) Aber meine Amanda, mein Liebes, vergiss die Vergangenheit! Weg mit diesen Gedanken, ein für allemal! Du gehörst zu mir. Für immer. Du weißt doch, was du mir bedeutest. Ich will alles für dich tun, dass du so richtig glücklich bist. Alles. *(Schweigen! Amanda sieht ihm ins Gesicht.)*

Amanda

Sei mir nicht böse, mein Liebster! Manchmal überkommt es mich einfach. Da kenne ich mich selbst nicht mehr! Da brechen Dinge aus mir heraus, die ich längst für erledigt hielt. Es sind wohl die naiven Vorstellungen meiner Kindheit, die meinem Inneren wie unauslöschliche Tätowierungen verhaftet sind.

Jedermann

Schwamm darüber! Vorbei ist vorbei! Denke nicht mehr daran!

Amanda

Es ist mehr ein Fühlen! Ein leidvolles Nachempfinden der einzigen geordneten Zeit in meinem Leben, die sich aufdrängt ... die Zeit bei meinen Großeltern! *(nachdenklich)* Wenn ich sie nicht gehabt hätte!

Jedermann

Sie haben dich nach dem Tod deiner Mutter bei sich aufgenommen. Das war doch ihre Pflicht.

Amanda

Es war eine Zeit, die sich immer stärker als schöne Illusion in Erinnerung bringt, die mir nachts den Schlaf raubt, mir vorgaukelt, wie herrlich die Welt doch sein könnte, wenn sie nur wieder so wäre wie bei den einfachen alten Leuten. Es war eine kleine friedvolle Welt ohne Reichtum und Verschwendung, ohne Sensation und ohne Neid, ohne Streit und ohne Verdächtigung. Es war ein simples

Leben, dem Pflicht und Arbeit eine Ordnung gaben. Aber ich bin wohl zu schwach, um schöne Träume Wirklichkeit werden zu lassen.

(Sie schweigt nachdenklich! Löst sich dann aus seiner Umarmung!) Schluss damit! Du hast Recht! Was nützt im Nachhinein die Moral? Reden wir von etwas Anderem! … Du sprachst von einem neuen großen Projekt. Erzähle! Ich bin neugierig.

Jedermann
Es ist dir sicher nicht entgangen, dass ich immer schon mit dem Gedanken spielte zur Belebung unserer Innenstadt ein Wellnesshotel mit Spielcasino zu errichten. Jetzt ist es soweit. Die Pläne sind fertig, die augenblickliche Finanzierung ist bei den niedrigen Darlehenszinsen sehr günstig und ein Bedarf für ein solches Projekt steht bei der breiten Nachfrage außer Diskussion.

Amanda
Und es passt gegenwärtig gut in die politische Landschaft. In ein paar Monaten beginnen Stadt und Gewerbeverband mit einer neuen Fremdenverkehrskampagne. Schließlich liegen wir am historischen Ochsenweg. Die ganze Region unterstützt das Projekt.

Jedermann
Du siehst das ganz richtig! Nur eines geht mir noch ab … Jetzt wirst du lachen! ... Der dafür geeignete Bauplatz ... !

Amanda
Aber Jedermann! Das sollte doch für dich kein Problem sein einen Platz für einen bereits fertigen Plan zu finden! Mit solchen Konstellationen bist du doch vertraut wie sonst niemand!

Jedermann
Gewiss, Amanda! Aber einen Bauplatz im Zentrum der Stadt! Das ist nicht so einfach! Ich brauche die historische Kulisse als Ambiente!

Amanda
Wie ich dich kenne – hast du doch bereits einen ins Auge ge … fasst! *(Sie sieht Jedermann an, ihre Miene nimmt sehr ernste Züge an, dann fährt sie erschrocken fort.)* Jedermann! Du denkst doch nicht etwa an die einzige Immobilie, die mir mein Verflossener als unbelastetes Erbe hinterlassen hat? Du denkst doch nicht an jenes Grundstück neben der Pfarrkirche? Nein, Jedermann! Ich habe sie dem Pfarrer bei der Beerdigung versprochen. Für ein Pfarrgemeindezentrum. Nein, das kannst du nicht wollen! Das nicht!

Jedermann

Liebling, bin ich dir nicht mehr wert als der Pfarrer? Und überdies: Zu deinem Nachteil wird es gewiss nicht sein.

Amanda

Was redest du? Ich will auch einmal etwas Besonderes tun, etwas Nützliches! Ich will auch einmal positiv in Erscheinung treten! Ich will, dass die Leute auch über mich einmal etwas Gutes sagen können! Auch ich habe ein Recht auf eine wenigstens kleine Zukunft.

Jedermann

Ich werde dir das Doppelte bezahlen, das Drei- oder sogar Fünffache, wenn es sein muss.

Amanda

Mit einem solchen Angebot hättest du wahrscheinlich die Feierabendpleite verhindern können. Mir genügt ein seriöser Preis. Wie ihn die Kirche zahlt! Ich will nicht deine Geschäfte machen.

Jedermann

Amanda, sei lieb! Wann hast du dich schon einmal um die Kirche gekümmert? Außer in diesen Tagen ... wegen einer Beerdigung! Und dafür wurde der Pfarrer doch bezahlt.

Amanda

Umso mehr sollte ich es vielleicht in der Zukunft tun.

Jedermann

Du solltest dich lieber um deine eigene Zukunft sorgen. Es wird dir bei einem Verkauf an die Kirche nur wenig bleiben, weil ja wohl auch noch gewisse Verbindlichkeiten deines Verblichenen zu deinem Erbe gehören. Wenn du überhaupt …! *(kurze nachdenkliche Pause)* Du hast dich, wie mir scheint, ein wenig zu voreilig zur Alleinerbin gemacht!

Amanda

Irgendwie werde ich mich schon durchschlagen. *(mit sich steigerndem zynischem Ton)* Ich habe Übung darin. Und im Übrigen *(kurzes Zögern)* … bist nicht auch du noch da, mein Liebster? Immer und zu jeder Zeit, wie du stets beteuert hast! *(ironisch)* Deine Wohltaten sind doch an keine Bedingung gebunden. Oder vielleicht jetzt doch, wo ich sie ein wenig unbeschwerter annehmen könnte.

Jedermann

Gewiss bin ich für dich da. Ich erlasse dir die ererbten Schulden, soweit sie mich betreffen. Ich werde dir zudem einen Kaufpreis für das Grundstück bieten, der dich wirtschaftlich unabhängig macht. *(Er hält kurz inne.)* Und … und nun höre gut zu! Ich habe mir auch Gedanken über unsere Beziehung, über unsere gemeinsame Zukunft gemacht.

Amanda
(überrascht) So plötzlich! Auf einmal! Welche wundersame Wandlung! Sonst hast du doch solche Vorstellungen immer verdrängt. Willst du dich wirklich scheiden lassen?

Jedermann
Ich werde dich an meinem neuen Projekt beteiligen. Du sollst als meine Geschäftspartnerin jene sinnvolle Aufgabe erhalten wie du sie dir immer gewünscht hast. Du sollst ein Leben führen, in dem du etwas leisten kannst, in dem du angesehen bist, das einen Inhalt hat, ein Leben, über das man offen und respektvoll reden wird. Ist das nichts? Wir werden uns dann nicht mehr verstecken müssen. Wir werden uns als Partner in der Öffentlichkeit zeigen können. Die Gerüchte werden verstummen. Amanda, wir werden auch bald zusammenleben können!

Amanda
(völlig verunsichert) Nein! Das meinst du doch nicht ernst. So plötzlich! Mir, ... mir eine solche Verantwortung! Machst du mir nicht nur etwas vor? Wie so oft!

Jedermann
So werden wir, ohne uns Schaden zuzufügen, zum Ziel kommen. Ich, ohne dass mein Ruf auf dem Spiel steht! Und du, ... du kannst ohne Probleme deine Trauerzeit einhalten. Wie stehst du dazu?

Amanda
Jedermann! Du überrumpelst mich … Ich bin sprachlos… Wie soll das möglich sein? Meinst du das auch wirklich ernst? Nach so langer Zeit? Deine Partnerin! ... In aller Öffentlichkeit! ... Du bringst mich in eine schwierige Situation.

Jedermann
Nein, Amanda! Nein, mein Liebling! Ich rette dich nur aus einer schwierigen Situation.

Amanda
Jetzt so plötzlich! Ich bin hin und her gerissen. Ich weiß nicht, was ich denken soll. Sollte aus dir, meinem Don Juan der Nacht, auf

einmal ein strahlender Prinz geworden sein? Ich kann es nicht glauben. *(in sich gekehrt)* Jetzt auf einmal Partnerin! ... Aber mit wirtschaftlichen Dingen spaßt du ja nie!

Jedermann

Gewiss nicht! Das weißt du doch! Da hört bei mir jeder Spaß auf!

Amanda

Und doch! Ich komme mir jetzt vor wie Aschenputtel im Märchen. Wie eine, der nach vielen Jahren das vergessene Wort *Glück* auf einmal wieder einfällt, ohne dass sie daran glauben kann.

Jedermann

Amanda, es ist auch mein Glück! Vergiss das nicht und vertrau mir halt! Ich liebe dich doch!

Amanda

(in sich gekehrt) Auch dein Glück? ... Soll mein Leben wirklich eine solche Wendung erfahren? Soll es nun wirklich einen Weg gehen, wie ich ihn immer so ersehnt habe? Soll nun wie ein Wunder eintreten, woran ich nicht mehr zu glauben vermochte?

Jedermann

Meine kleine Skeptikerin! Wenn du nur einmal deine Zweifel loswerden könntest! *(Er hält kurz inne und fährt mit sachlich – entschiedenem Ton fort.)* Du wirst dem Pfarrer sagen, dass es dein Mann im Testament so verfügt hat: Das Grundstück sollst du selbst nutzen und nicht verkaufen. Sollst es als materielle Sicherheit für die Zukunft behalten, als Grundlage für eine sinnvolle Lebensaufgabe und eine feste Existenz. Das Geld dafür sei ja doch eher eine sehr unsichere, labile Angelegenheit. Und morgen, gleich morgen gehen wir zum Notar.

Amanda

Liebling! Werden wir auch zusammenziehen und zusammen leben?

Jedermann

Wie ich es dir versprochen habe, meine kleine liebe Amanda! Wir werden ... Wir werden ...

(Umarmung)

3. Bild: Richtfest

„Richtet nicht, damit ihr nicht gerichtet werdet!"
(Matthäus 7,1)

Ort: Baustelle neben der Kirche
Personen: Jedermann, drei Bauarbeiter (Handwerker), Bürgermeister, Zeitungsreporter/-in, Goldhaus, Baumeister, Nachbar, Frau des Nachbarn, Frau Jedermann, Jedermanns Schwager, Amanda, Clubfreund, Polier, Tod *(Stimme)*

(Richtfestgesellschaft. Ein Richtkranz wird hochgezogen. Dann folgt der Richtspruch.)

Sprecher
(hier auch Polier oder einer der drei Bauarbeiter)

Aufgerichtet ist die Mauer,
Das Gebälk darüber ragt
Als ein Meisterwerk von Dauer,
Das scheinbar nicht die Zeit zernagt.

Mit der Kirche zu vergleichen
Entsteht ein Bau, sehr hoch und breit,
Der als manifestes Zeichen
Kündet von moderner Zeit.

Schaut, wie bunt der Richtkranz thront,
Der von uns hinauf gehoben,
Und des Bauherrn Stolz betont
Auf dem First am Himmel oben!

Schaut, wie er die Kunst verkündet
All derer, die das Werk vollbracht,
Das auf fester Statik gründet,
Die mit Geisteskraft erdacht!

Doch eines mag man nicht vergessen:
So viel der Mensch auch noch erreicht,
Er hat auf Erden nie besessen,
Was einer ewgen Wohnstatt gleicht.

Er kann sich zwar ein Denkmal setzen,
Das Staunen in der Welt erfährt,
Kann sich daran mit Lust ergötzen,
Und doch: Sein Ruhm ist bald verjährt.

Allein die Tat von Menschenhand,
Die wir in Gottes Hände legen,
Hat stets auch Dauer und Bestand.
Auf ihr ruht Glück und reicher Segen.

Denn jedermann soll dies bedenken:
Der letzte Richtspruch dem gehört,
Der alles Schicksal stets wird lenken,
Den niemals Irdisches betört.

Nun lasst uns froh zum Richtschmaus schreiten,
Den uns Herr Jedermann serviert,
Und all die vielen Köstlichkeiten
Genießen gänzlich ungeniert.

(Er verstreut Süßigkeiten. Alles drängt zum Büfett.)
Jedermann
Geduld! Noch einen Augenblick Geduld! … Zuvor noch ein Wort,
meine Freunde! Liebe Gäste! Leute vom Bau!
Feiern wollen wir, was erst halb vollendet und doch nach so überaus
kurzer Bauzeit schon so gewaltig und pompös hier vor uns thront.
Jedermanns Palast der totalen Freude wird in ein paar Monaten nicht
nur der luxuriöseste, der vergnüglichste, ja der delikateste Omphalos
für seine Gäste sein, er wird als Center menschlicher
Kommunikation sich in jeder Hinsicht zum unumstrittenen
Mittelpunkt unseres Gemeinwesens entwickeln. Jedermann, der den
Namen unserer Stadt nennt – Und das soll mein festes Versprechen
sein, Herr Bürgermeister! –, wird in meinem Palast unser städtisches

44

Logo und Emblem erkennen. Und dieser Palast wird zugleich ein Symbol unserer Lebensqualität, ja unserer hohen kulturellen Ansprüche, unserer Reputation und vor allem unseres wirtschaftlichen Wohlstands sein. Und als solcher wird er zur Legende werden, zur unvergänglichen Legende unserer Stadt und zum Vorbild für andere. Astropantheon! Astropantheon! ... So soll er heißen! Sternentempel! Und er soll strahlen weit hinaus über das ganze Land. Dass ihr alle dazu bereits einen sehr wichtigen Beitrag geleistet habt und weiterhin leisten werdet, dafür meinen herzlichen Dank! In besonderem Maße dem Herrn Bürgermeister für seine Bemühungen bei der Baugenehmigung, Ihnen, verehrte Frau Feierabend, dass Sie sich mit Ihrem Grundstück und auch persönlich, gewissermaßen als meine Partnerin, an meinem Projekt beteiligen, Ihnen, lieber Freund Goldhaus, für die vortreffliche Planung des Gebäudekomplexes und nicht zuletzt dem Baumeister und seinen Mitarbeitern für die bislang unerwartet schnelle und reibungslose Durchführung. Dank natürlich auch meinem Nachbarn, unserem Sand- und Kiesgrubenbaron, und seiner geschätzten Frau Gemahlin für die Erdarbeiten und die Baumaterialien. Lasst uns dies heute nur in kleiner Runde, nach der Vollendung aber als ein berauschendes dionysisches Stadtfest feiern!

Ein Teil der Tischgesellschaft
Bravo, Jedermann! Bravo! Bravo!

Einzelne
(Unruhe! Bewegung kommt in die Szene!)
Jetzt aber ans Büfett! … Wie verführerisch! ... Welche Köstlichkeiten! … Delikat! … Mir knurrt der Magen! …

Jedermann
Bitte, meine Herrschaften, noch einen Augenblick Geduld! Nur noch einen Augenblick!

Erster Bauarbeiter
(zum zweiten und dritten Bauarbeiter) Immer diese langen Reden!

Zweiter Bauarbeiter
Und immer die gleichen Sprüche!

Jedermann
Bevor wir uns zu Tisch begeben, seien dem Herrn Bürgermeister, wie es ortsüblich ist, noch ein paar Worte gestattet! Aber nur ein paar! Unsere Natur fordert ihren Tribut.

Dritter Bauarbeiter
Hoffentlich kann sie ihn auch erwarten! Ich habe da meine Zweifel!
Bürgermeister
*(kramt einen Zettel aus der Jackentasche.)*Danke! Danke! --Verehrte Hebauf- und Richtfestgesellschaft! Sehr geehrter und geschätzter Herr Jedermann! Mein lieber langjähriger Freund bereits von den Kinderschuhen an und sozusagen stets treuer Parteispezi und Ehrenbürger unserer Stadt! Und vor allem auch ein herzliches „Grüß Gott!" unserem Berichterstatter der Heimatzeitung! Ein großes Werk ist partiell vollendet, ein Jahrhundertwerk, sozusagen! Ein illustres Vergnügungs- und Erholungszentrum für Einheimische und Fremde, sozusagen ein Kulturpalast für jedermann in unserer geliebten Heimatstadt. Neben der altehrwürdigen Kirche erwächst er … positioniert er, … ja er poussiert geradezu als Ausdruck der modernen Zeit, sozusagen unserer Zeit, mit gleicher Gewaltigkeit wie die Vergangenheit. *(Beifall!)* ... wie die Vergangenheit. …*(blickt auf das Skriptum)* Dieser Palast legt schon vor seiner Vollendung augenscheinlich ein sichtbares Zeugnis ab von der wirtschaftlichen Leistungsfähigkeit unserer sozusagen opportunen, ja opportunistischen Gesellschaft, die man nicht immer nicht schlechter machen sollte als sie ist. *(Beifall!)* Ich als Bürgermeister und wir im Stadtrat sind glücklich darüber, dass wir sozusagen einen so fortschrittlich denkenden und erfolgreichen Unternehmer wie dich, lieber alter Freund Jedermann, in unserem geordneten Gemeinwesen besitzen *(Beifall!)* ... im Gemeinwesen besitzen, … *(sucht auf dem Skriptum)* die wir schon gemeinsam den Kindergarten besucht haben und in der Grundschule Nachbarn gewesen sind und du mir damals schon in mancher heiklen Situation sozusagen Beistand geleistet hast, was ich nicht vergessen habe … und ich habe alles getan, um dieses gewaltige Vorhaben hier neben der altehrwürdigen Kirche trotz Einspruchs unseres hochwürdigen Herrn Geistlichen Rats, für den wir durchaus Verständnis haben, und trotz mancher anderer Widerstände, die es zu überwinden galt, zur Verwirklichung zu bringen … zur Verwirklichung zu bringen. So habe ich mich auch nicht gescheut jenen, sozusagen ewigen Provokateuren und Bremsern des Fortschritts, die nicht mit unserem Parteibuch ausgestattet sind, ihre Grenzen aufzuzeigen *(Beifall!)* … ihre Grenzen aufzuzeigen … und ich habe deshalb auch den

Kulturreferenten von seinem Vorsitz im Kulturausschuss sozusagen zurücktreten lassen und diesen wieder selbst in die Hand genommen, damit die Kultur nicht leidet und in Zukunft keine falschen Wege geht. *(Beifall!)* Warum soll nicht ein modernes zeitgemäßes Gebäude neben der Kirche unser Zentrum präsentieren, wo nicht einmal der Denkmalschutz eingeschritten ist? Was nützt es denn, immer nur alte verwahrloste geschichtliche Ruinen zu erhalten, die allein hohe Kosten verursachen und keinen Gewinn abwerfen? Wir wollen, ja wir müssen sozusagen modern und fortschrittlich denken, um nicht zurückzubleiben. Nicht ohne Stolz möchte ich als Bürgermeister der Stadt das sehr deutlich zum Ausdruck bringen, … Ausdruck bringen und denen danken, die mich dabei sozusagen unterstützt haben! *(Beifall)*

Jedermann
(Er ruft dazwischen) Vielen Dank, Herr Bürgermeister! Vielen Dank für deine Worte! Lasst uns jetzt zum gemütlichen Teil über ...

Bürgermeister
Nur noch einen Satz! … Auch ich möchte allen danken, allen meinen geschätzten Mitbürgern, dass sie bei diesem nicht leichten Unterfangen auf meiner Seite gestanden sind und sozusagen mitgeholfen haben, dass ich dieses große Werk, dieses „Astra ... Astra ... Paternoster", wie es heißen soll, sozusagen zum Nutzen und Segen unseres Gemeinwesens durchsetzen konnte und vor allem auch dir, lieber Freund Jedermann, als dem Pionier einer neuen fortschrittlichen Zeit. Möge unsere Heimatzeitung sozusagen in diesem unserem Sinne wie eh und je berichten!
(Allenthalben Beifall! Zeitungsreporter/in macht Aufnahmen!)

Jedermann
Lassen Sie uns gemeinsam anstoßen auf uns und unser Werk!
(Jeder greift zu einem Glas)
Gutes Gelingen, denen, die es erbauen, Glück und Erfolg denen, die in diesem Hause tätig sein werden, Frohsinn und Freude allen, die hier als Gäste ein- und ausgehen! Prosit! Astropantheon! Prosit! Und allen einen guten Appetit!

Alle
(durcheinander) Prosit! Guten Appetit! Guten Appetit!
(Alle bedienen sich am Büffet, nehmen dann an einer großen Tafel Platz und beginnen zu speisen.)

Unterhaltung quer durch die Reihen:
(laut und durcheinander) Das hat er sich etwas kosten lassen, der Jedermann! … Das darfst du glauben! … Da lässt er sich nicht lumpen! …Das tut er nicht umsonst! Das kommt schon wieder rein! … Der verteilt nur ganz selten Geschenke! … Mir ist das gleich, ich habe einen riesigen Hunger! …Und ich einen Durst, einen brandigen!

Goldhaus
(zur gesamten Tafelrunde, während man am Tisch Platz nimmt!) Ich vermisse ihn ja nicht. Aber dass der hochwürdige Herr Pfarrer unserer schriftlichen Einladung nicht entsprochen hat, ist doch etwas merkwürdig. Meinen Sie nicht auch, Herr Bürgermeister?

Bürgermeister
Ich bin schon ein wenig überrascht. Hat er sich denn nicht entschuldigt?

Jedermann
Vielleicht ist er beleidigt, weil seine Pläne durchkreuzt wurden. Unser profanes modernes Astropantheon neben der heiligen gotischen Stadtpfarrkirche, ein diesseitiger Vergnügungstempel gewissermaßen als Konkurrenzunternehmen jenseitiger Glückseligkeit! Das würde selbst ich an seiner Stelle nicht so leicht verkraften.

Goldhaus
Gewiss ist das nicht ganz unproblematisch für ihn! Wie mag das Ordinariat reagiert haben und vor allem unser sittenstrenger Bischof!

Jedermann
Trotzdem! Sonst nimmt er doch auch jede Gelegenheit wahr, um zu feiern. Speis und Trank gegenüber ist er nicht gerade allergisch. *(zum Baumeister gewandt)* Oder verzichtet er seit Neuestem auf die Richtfeste, Herr Baumeister?

Baumeister
Nicht, dass ich wüsste. Zumindest seinen Segen hat er bisher immer erteilt.

Bürgermeister
Das ist von alters her so. Das ist Tradition. Daran muss sich sozusagen auch der Herr Pfarrer halten. Das sage ich als Bürgermeister.

Zweiter Bauarbeiter
So ist es! … Der hat ja sonst nichts zu tun! Jetzt ist es ihm schon zu

viel, ein wenig Weihwasser zu verspritzen.

Nachbar
Ein Pfarrer muss Vorbild sein. Das kann man von ihm verlangen.

Jedermann
Aber Herr Nachbar! Welcher Anspruch! Die Geistlichkeit ist heute anscheinend auch nicht mehr das, was sie einmal war.

Erster Bauarbeiter
Beschwert er sich nicht immer, dass seine Gottesdienste so schlecht besucht sind? Er braucht sich nicht zu wundern.

Bürgermeister
Langsam! Langsam! Ich besuche jeden Sonntag den Gottesdienst und auch bei Beerdigungen. Das gehört sich so.

Frau des Nachbarn
Vielleicht bereitet er gerade jetzt seine Predigt für den Sonntag vor. Man sagt, dass sie das beste Schlafmittel sei!

Jedermann
Aber das kann uns beiden bei unseren Kirchenbesuchen nur wenig tangieren, Frau Nachbarin. Finden Sie nicht? Wir schlafen doch andernorts viel lieber!

Zweiter Bauarbeiter
Sie versäumen nichts! Der predigt immer das gleiche!

Frau Jedermann
Eines verstehe ich nun wirklich nicht: Da vermisst man den Segen des Pfarrers und gleichzeitig zieht man über ihn her, als ob er der letzte Penner in der Stadt wäre. Was ist das für eine Logik!

Jedermann
Liebe Frau, ich bin mir sicher, unser Bau wird auch ohne seinen Segen auf festen Füßen stehen und Gewinn bringen.

---- (Jedermanns Schwager tritt auf und grüßt schweigend! ----
Da schau, mein Schwager, der Herr Stadtrat und Kulturreferent gibt uns auch noch die Ehre! Der hat historische Erfahrung. Fragen wir ihn! Was meinst du Schwager? Wird mein Astropantheon auch ohne kirchlichen Segen in die Geschichte eingehen?

Jedermanns Schwager
Möglich ist es, wenn beim Bau gutes Material verwendet wird!

Baumeister
Wir haben uns die größte Mühe gegeben. Wie heißt es in der Bibel: *Wie ein guter Baumeister habe ich den Grund gelegt; ein anderer baut*

darauf weiter. (...) Hält das stand, was er aufgebaut hat, so empfängt er Lohn. Brennt es nieder, dann muss er den Verlust tragen. (Korintherbrief 3.10 – 14/15)

Goldhaus

Lächerlich! Wer mag hier an Verlust denken? *(sehr bestimmt!)* Die Rentabilität dieses Projekts kann man bedenkenlos garantieren. Sie steht außer Frage.

Jedermanns Schwager

Sie sollten da etwas vorsichtiger sein, Herr Goldhaus! Heute gibt man allenthalben sehr freimütig Garantien, um schnelle Geschäfte zu machen. Wie viele besitzen momentan die vermeintlich größten Chancen, erleiden morgen Schiffbruch und reißen andere mit in den Ruin. Unsere Zeit ist im Vergleich zu früher sehr kurzlebig geworden. Nichts ist mehr von epochaler Dauer. Betrachten Sie nur das Unternehmen Feierabend! *(nimmt Platz)*

Frau des Nachbarn

Das ist doch ein Sonderfall! Da spielten ganz spezielle Garantien eine Rolle. Der brave Feierabend hätte nun wirklich wissen können, ob er sich solche, Sie wissen schon, Extravaganzen leisten kann. Ich glaube freilich ...

Amanda

(Sie fällt ihr ins Wort.) Was glauben Sie? Ihre selbst gestrickten Glaubensbekenntnisse können Sie sich ...

Jedermann

(Er fällt ihr ins Wort.) ... Trotzdem, mein lieber Schwager, mit Feierabend, mit einer wirtschaftlich stets kränkelnden Krämerseele, möchte ich mich als Kaufmann und Unternehmer nicht vergleichen lassen. Und was morgen vielleicht sein könnte, interessiert mich überhaupt nicht. Die Zukunft werden wir gestalten, wenn sie da ist.

Clubfreund

So ist es, lieber Clubfreund Jedermann. Chancen sind für mich Kinder der Gegenwart. Den günstigen Augenblick muss man nützen, den Kairós, wie ihn die alten Griechen nannten. Ihn sofort beim Schopf packen! Mit allen Mitteln! Für mich als Banker gilt das ganz besonders. Der, der seine Möglichkeiten immer nur in der Zukunft sieht, ist ein Spekulant, ein Glücksspieler!

Bürgermeister

Auch ich als Realpolitiker muss die Gegenwart im Auge haben ...

Jedermanns Schwager

(fällt ihm ins Wort) ... um sich auf Kosten anderer ein Denkmal der Unsterblichkeit zu setzen! ... Sagt man zumindest!

Bürgermeister

Keine falschen Unterstellungen! Die verbitte ich mir! Auch von einem Kulturreferenten! Ich habe mir sozusagen eigene Verdienste erworben.

Frau des Nachbarn

(hämisch) Feierabend gewiss nicht! Er war ein gutherziger Träumer und Liebhaber gescheiterter Existenzen! Das war sein Ruin!

Amanda

(bissig) Wie gut Sie Bescheid wissen!

Frau des Nachbarn

Gewiss, Frau Feierabend! Wir haben erst kürzlich beim Friseur über ihn und noch so Manches gesprochen.

Nachbar

Ein Träumer war er gewiss. Was der Feierabend für Chancen ausgelassen hat! Davon hätten zwei Unternehmen existieren können. Er war halt ein ewig Gestriger! Freilich trauert man auch manchmal Chancen nach, von denen man gar nicht weiß, ob sie wirklich Chancen gewesen wären.

Frau des Nachbarn

(mit Ironie) Mann, wie klug du heute bist! Ausnahmsweise hast du da einmal Recht, nimmt man von diesen Chancen eine spezielle aus.

Jedermann

Was nützen vage Hypothesen! Trinken wir auf die Gegenwart, Freunde! Auf eine erfolgreiche Gegenwart! (Er *nimmt ein Sektglas.*) Lasst uns auf das Jetzt und Heute anstoßen und auf unser sinnenfrohes Astropantheon. Auf ein gutes Gelingen! Prosit! Prosit!

Baumeister

Auf einen zügigen und ungestörten Fortschritt unseres Baus und auf das Wohl aller, die daran mitwirken! Prosit!

Bürgermeister

Und besonders auf die, die ihn sozusagen zuvor mit politischem Sachverstand und Weitblick durchgesetzt haben! Prosit!

Jedermanns Schwager

Und darauf, dass wir bald den städtischen Kulturtempel einweihen, wie ich ihn im Stadtrat seit vielen Jahren vergeblich fordere.

Clubfreund
Und vor allem, dass bald der Rubel rollt und die Renditen strömen!
Prosit!
Alle *(durcheinander)* Prost! Auf Jedermanns Wohl! Prosit! Auf das
Astropantheon! Prost! Auf unser aller Wohl! *(Sie trinken.)*
Jedermann
Ein Prosit auch auf die Gewissheit, dass die Goldhaus´sche
Rentabilitätsgarantie auf festen Füßen steht! Das allein würde mir
reichen. Aber ... einer wie er garantiert ohnehin nur das, was für ihn
absolut sicher ist.
(Alle stoßen an! Sie trinken das Glas leer.)
So sicher wie dieses Glas zerspringt, wenn es richtig auf den Boden
geworfen wird. Und das soll ja Glück bedeuten. *(Jedermann wirft
das Glas auf den Boden, dass es zerspringt.)* Es ist ein Glück, das
man sich selbst schafft!
Goldhaus
Jeder ist seines Glückes Schmied! Man braucht nur ein geeignetes
Glas zu wählen.
Bürgermeister
In der Politik ist es sozusagen genau so.
Amanda
(ernsthaft) Wie einfach man sein Glück machen kann! Und doch!
Geeignete Gläser mögen tausendmal zerspringen, der Zufall, dass
eines einmal nicht zerspringt, lässt sich nicht gänzlich ausschließen.
Und was ist dann?
Frau des Nachbarn
(hämisch) Wie klug Sie doch sind, Frau Feierabend! Wie klug!
Clubfreund
Ein Körnchen Wahrheit steckt da schon darin! Ganz
hundertprozentige Sicherheiten kann ich meinen Bankkunden auch
nicht bieten, wenn es um Geldanlagen geht. Das lässt sich nicht
leugnen. Ich berate sie. Das Risiko müssen sie selbst tragen.
Jedermann
Aber Frau Feierabend, gerade bei Ihnen solcher Zweifel! Die
Wahrscheinlichkeit eines solchen Zufalls ist doch so gering, so
minimal, dass dies mathematisch schon gar nicht mehr zählt. Sind
Sie in das Lager der Skeptiker und Schwarzmaler
übergewechselt?

Bürgermeister
Zu unserer Partei gehört sie nicht. Da bin ich mir sozusagen sicher!

Jedermann
(an alle gerichtet) Lassen wir die Zufallsberechnungen! Trinken wir auf die Wahrscheinlichkeit, die für uns Gewissheit ist! Prosit, Leute! Prosit!

Amanda
Der Zufall kann ohnehin nicht berechnet werden, weil wir Menschen dazu nicht fähig sind.

Erster Bauarbeiter
Dann ist mein Durst ein Zufall! Der ist auch nicht berechenbar! Welch ein Glück!

Zweiter Bauarbeiter
Prosit! Prosit! Dass uns dieser Zufall nur Glück beschert!

Dritter Bauarbeiter
Dir mit Sicherheit! Wie heißt es doch? Das Glück ist ein Rindvieh und sucht seinesgleichen! Prost!

Zweiter Bauarbeiter
(zum dritten Bauarbeiter) Dann gehörst du auch zu den Glücklichen!

Amanda
Das Glück ist ein nicht erklärbarer wohltuender Zufall. Nichts anderes!

Goldhaus
Im Leben gibt es für alles eine Erklärung, für alles, Frau Feierabend. Selbst dafür, dass ein Glas einmal nicht zerspringt. Bald werden auch noch die so genannten letzten Geheimnisse unserer Welt gelüftet sein. Die Zeit des Wunder- und Aberglaubens ist lange vorüber, die Zeit der letzten Schritte zur totalen Erkenntnis lange angebrochen.

Erster Bauarbeiter
Bald werden wir alles wissen. Alles. Der Fortschritt rast, sagt man.

Goldhaus
Sie haben Recht. Der Mensch macht sich zum Maßstab und Beherrscher aller Dinge.

Clubfreund
Auch das ist nicht ganz falsch, wenn er über genug Kapital verfügt.

Frau des Nachbarn
Richtig, Herr Goldhaus! Wir leben nicht mehr im Mittelalter, als man gotische Kirchen in den Himmel wachsen ließ, auf deren Türmen die

Seelen der Verstorbenen wie auf einer Brücke hinüber schreiten konnten in das Jenseits.

Goldhaus

(hämisch) Die meisten, wie man annahm, zunächst in das Fegefeuer, in die Reinigungsschleuse, um dann von ihren einstigen Worten und Taten gesäubert, die Himmelspforte zu durchschreiten! Nur ganz wenige, nämlich die blütenreinen Heiligen, direkt ins Paradies und sehr viele Schlawiner in den Schlund der Hölle hinab.

Bürgermeister

Letztere aber nicht aus unserer Stadt, lieber Goldhaus! Darauf lege ich sozusagen allergrößten Wert. Nicht aus unserer Stadt!

Goldhaus

Wenn es eine Hölle geben würde, wäre ich mir da nicht so sicher, Herr Bürgermeister! Aber wer glaubt denn heute noch daran. Die menschliche Vernunft hat die Religion längst besiegt. Heute stehen diese sakralen Brücken nur mehr als funktionslose Denkmäler in der Landschaft, zumeist als Hindernisse für den Fortschritt. Es sei denn, man hat die mittelalterliche Brückensteuer noch nicht abgeschafft.

Nachbar

Vieles wäre schon abgerissen, wenn der vermaledeite Denkmalschutz nicht wäre. Was der uns Geld kostet mit seinem Erhaltungswahn.

Bürgermeister

Da kann ich Ihnen sozusagen nur zustimmen! Hinausgeworfene Steuergelder unserer Bürger! Ein Amt ohne Nutzen! Ohne Nutzen!

Baumeister

Dass es sich bei Ihnen, Herr Jedermann, so zurückgehalten, ja nicht einmal geäußert hat, verwundert mich eigentlich schon ein wenig.

Clubfreund

Mich nicht! Bei einem wie meinem Freund Jedermann! Da genügt doch der Name. Und dann haben wir ja auch noch einen Kulturreferenten! Der kennt sich doch da aus!

Jedermanns Schwager

Man tut sein Möglichstes! Auch für das Moderne! Aber lassen Sie mich in dieser Sache aus dem Spiel! Wenden Sie sich lieber an den Herrn Bürgermeister!

Bürgermeister

Der hat da sozusagen eine klare Stellung bezogen. Von vorneherein!

54

Ich habe mir nichts vorzuwerfen.

Jedermann

Liebe Freunde! Hin und wieder muss man schon etwas nachhelfen, seine Verbindungen spielen lassen! Das wissen Sie doch. Ganz so einfach war es nicht. Bei unserer heutigen Bürokratie. Aber um solche Dinge kümmere ich mich nicht persönlich. Das ist Sache meiner Anwaltskanzlei. Auch auf sie ein Prosit!

Allgemein

Prosit! Auf ihr Wohl! Prosit!

Polier

Noch ist nicht aller Tage Abend. Mit Problemen muss man in einem solchen Fall immer rechnen. Es dauert stets eine gewisse Zeit, bis sich eine Front gebildet hat. Im Heimat- und Kulturkreis rumort es. Auch der Kunst- und Museumsverein hielt in der letzten Woche eine Sondersitzung ab. Man spricht von einer sehr umfangreichen Unterschriftenliste.

Frau des Nachbarn

Aber Herr Polier! Wie sollte es anders sein! Es gibt genug Quertreiber in unserer Gesellschaft. Faulenzer, Fantasten, versprengte Ideologen und vor allem Neider! Wir kennen sie doch! Oder, was meinen Sie, Herr Bürgermeister! Haben die eine Chance?

Bürgermeister

Dazu möchte ich mich nicht öffentlich äußern, Das müssen Sie verstehen. Mein Amt verlangt sozusagen absolute Diskretion! Da sind wir zwei doch einer Meinung, Herr Kulturreferent! Oder?

Jedermanns Schwager

(hämisch) Aber gewiss, Herr Bürgermeister, das gebietet schon die überparteiliche Solidarität, auf die Sie immer so großen Wert legen!

Polier

Munkelt man nicht auch von einer Art Bürgerinitiative, die auf gerichtlichem Weg den Bau stoppen lassen will? Es sollen sich recht angesehene Leute zusammengetan haben.

Zweiter Bauarbeiter

Hören Sie auf! Dieser Zug ist abgefahren. Wie will man jetzt noch etwas rückgängig machen, wo wir bald fertig sind?

Clubfreund

Wer herrscht denn in dieser Stadt, wer hat Beziehungen wie sonst keiner? Mein Freund Jedermann hat hier alles im Griff.

Frau des Nachbarn

Umso größer der Neid! In unserer Gesellschaft gönnt doch keiner dem anderen das Schwarze unter dem Fingernagel. Kampf dem, der Ideen hat, Kampf dem, der reich ist, Kampf dem, der angesehen ist! Und das zumeist von Seiten halbgebildeter Dampfplauderer und Möchtegerngrößen, die außer Krawallen noch nie etwas geleistet haben.

Nachbar

So ist es! Du triffst wie immer den Nagel auf den Kopf, meine Liebe!

Amanda

(hämisch) Die Hauptsache, es ist keiner ihrer Fingernägel!

Frau des Nachbarn

Das lassen Sie meine Sorge sein! Sie zählen sich wohl auch gerne zu diesen destruktiven, mutwilligen Aktionisten, die dem Staat nur Geld kosten, weil sie jeglichen Fortschritt verhindern. Und das alles mit möglichst satanischer Intriganz! Der Sumpf ist groß und tief.

Jedermann

(hämisch) Malen Sie nicht den Teufel an die Wand, Frau Nachbarin! Ein Gebäude, dem der kirchliche Segen fehlt, soll ihm bevorzugt als Wohnung dienen. Was soll da aus meinem Astropantheon werden?

Nachbar

Aber, Herr Nachbar! Das sagt man halt so. Seit wann fürchten Sie den Teufel? Seit Jahrhunderten hat er der Erde doch keinen Besuch mehr abgestattet. Meine Frau glaubt, dass er schon lange tot ist. Trinken wir lieber darauf! Prosit!

(allgemeiner grölender Gesang)

Erste Gruppe

Prosit! Prosit! Keine Teufelei!
Außer Bier ist alles einerlei!

Zweite Gruppe

Prosit! Prosit! Lasst uns trinken!
Bis wir aus der Kehle stinken!

Dritte Gruppe

Prosit! Prosit! Froh und munter
Fahr´n wir dann zur Hölle runter.

(Beifall!)

Dritter Bauarbeiter

Nicht gar so eilig! Dafür haben wir später noch Zeit.

Zweiter Bauarbeiter
Zuvor brauche ich noch einen Humpen Löschwasser, sonst wird es mir zu heiß in der Hölle!

Erster Bauarbeiter
Und unsere Kehlen müssen wir auch noch schmieren!

Dritter Bauarbeiter
Und unsere Nationalhymne proben!

Dritter Bauarbeiter
Die Hölle muss schließlich wissen, wen sie empfängt! Singt mit!

Allgemeiner Gesang
Prost – Prost! Kameraden! Prost – Prost! Kameraden!
Der Teufel wird uns nicht verladen!
Das Leben ist für uns zu schön
Um schon ins Gruftireich zu gehn.

Prost – Prost! Kameraden! Prost – Prost! Kameraden!
Der Teufel wird uns nicht verladen
Wir reisen dann, wenn's uns gefällt,
Uns nichts mehr hält auf dieser Welt.

Prost – Prost! Kameraden! Prost – Prost! Kameraden!
Der Teufel wird uns nicht verladen!
Heut ist die Fahrt noch viel zu teuer.
Ins glühendheiße Höllenfeuer.

Prost – Prost Kameraden! Prost – Prost! Kameraden!
Und werden wir einst doch verladen,
Dann löschen wir den Höllenofen
Mit Bier, mit Bier aus Pfaffenhofen!

Prost – Prost! Kameraden! Prost – Prost! Kameraden!
Dann löschen wir die Höllenglut
Mit Urbanus- und Müllersud!
Prooost! Prooost! …
(Bravo – Rufe!)

Jedermanns Schwager
Wer weiß? Wer weiß? Man muss sich über den Teufel nicht lustig machen. Auch er gehört zu unserer Kultur. Früher spielte er in der Kunst eine wichtige Rolle. Aber der Glaube an Vieles ist mehr und

mehr verloren gegangen. An das Böse wie an das Gute. Wir stecken mitten in einer Kulturkrise.

Jedermann

Aber mein lieber Schwager! Kaum hat dir der Bürgermeister den Vorsitz im Kulturausschuss weggenommen, da sprichst du schon von Kulturkrise und reißt als neues Amt in unserer Stadt das Ressort des Moral- und Sittenreferenten an dich. Dabei ist es doch mit deiner Gläubigkeit sonst auch nicht so weit her, wenn ich bedenke, mit welchen Geistern du Umgang pflegst. Allein deine verhauten Künstlertypen! Ob die an Tod und Teufel glauben?

Frau des Nachbarn

Glauben! Glauben! Nichts als altmodische Vorstellung von Unvorstellbarem! Heute fährt der Mensch mit Shuttles dorthin, wo er regiert haben soll, dieser sagenhafte schwarze Fürst der Unterwelt mit seinem abtrünnigen Engelsgefolge. Möchten Sie ihn nicht auch einmal in seiner jenseitigen Residenz besuchen, Frau Feierabend!

Amanda

Das gilt doch wohl nur für einige Auserwählte ... wie für Sie!

Frau Jedermanns

... die nach ihrer Rückkehr meist sehr demütig geworden waren.

Frau des Nachbarn

(wendet sich Goldhaus zu) Haben Sie schon die Reise zu ihm gebucht, Herr Goldhaus, um ihm eine Offerte für den Kauf von Bauland zu unterbreiten? Sie gehören doch sicherlich zu den Auserwählten. Ich meine, bevor auch dort die Preise anziehen!

Jedermann

Interessenten gäbe es sicherlich genug. Ich würde sofort investieren.

Goldhaus

(mit freundlicher Zuneigung) So falsch ist der Gedanke nicht, gnädige Frau! Dahinter steckt nicht nur riskante Spekulation. Sie verstehen etwas von Wirtschaft! Mit Ihnen als Geschäftspartnerin würde ich bedenkenlos in die Hölle reisen!

Frau des Nachbarn

Wirklich, lieber Herr Goldhaus! Welche Ehre! Darüber ließe sich verhandeln. Machen Sie mir doch ein Angebot!

Dritter Bauarbeiter

Auf geht´s! Endlich was Neues in unserem Nest!

Zweiter Bauarbeiter
Unsere Lokalpresse braucht einmal wieder eine Sensation! *(zum Zeitungsreporter/in gewandt)* So ist es doch, Herr Redaktionschef?
Erster Bauarbeiter
Klar! Sonst liest es überhaupt keiner mehr, das Schmierenblättchen!
Goldhaus
Silenzioso! Silenzioso! Rentable Geschäfte macht man heute in aller Stille!
Jedermann
Das ist ein ungeschriebenes wirtschaftliches Grundgesetz! Um Neugierde zu wecken, muss freilich ein unverbindliches Vorgespräch in aller Öffentlichkeit stattfinden. Gerüchte sind die beste Werbung!
Frau des Nachbarn
Aber Herr Jedermann! Gerüchte? Wo wir hier doch so ganz unter uns sind! Wer von uns sollte schon Gerüchte in die Welt setzen?
Goldhaus
(zu Frau des Nachbarn gewandt) Nun so führen wir dieses Gespräch, eben unter uns, gnädige Frau, ganz intim! Ich darf Ihnen Folgendes offerieren: Höllenfahrt und Logis auf meine Kosten! Im Grand Diabolo Palais, versteht sich! Dazu eine erstklassige persönliche Betreuung inklusive abwechslungsreichem, sinnenfrohem und feuchtem Abend- und Nachtprogramm!
Jedermann
O! Welch großzügiges Angebot gleich zum Auftakt! Ach wäre ich doch von anderem Geschlecht!
Frau des Nachbarn
Und mein Part bei dieser viel versprechenden Zusammenarbeit?
Goldhaus
Nur ein paar sehr anregende und amüsante partnerschaftliche Gesten, verehrte gnädige Frau! Sie werden unendlichen Spaß haben an dieser Kollaboration. An Ihren Fähigkeiten zweifle ich keinen Augenblick.
Erster Bauarbeiter
(Zwischenruf) Ich auch nicht!
Frau des Nachbarn
O, das klingt mysteriös und pikant! Sie schmeicheln mir. Ihr Angebot ist mehr als eine Überlegung wert. Ich bin mir fast sicher: Wir werden engere geschäftliche Beziehungen aufnehmen.

Jedermann

Und ich bin Zeuge des Kontrakts. Ich bürge mit meinem Namen!

Goldhaus

Schnelle zielgerichtete Entschlusskraft habe ich immer geschätzt. Sie ist das Erfolgsrezept wirtschaftlichen Handelns! Sie werden es nicht bereuen, Verehrteste! Wir werden goldene Tage erleben.

Amanda

Aber vergessen Sie darüber ja nicht den Ankauf von Bauerwartungsland und von ausbeutungswürdigen Sand- und Kiesgruben! Es könnte Ihnen sonst jemand zuvorkommen.

(Gelächter)

Frau des Nachbarn

(bissig) Bitte keine betriebswirtschaftlichen Ratschläge von Ihrer Seite, Frau Feierabend! Denken Sie an Ihre Firma! Unser Geschäft ist ein seriöses und anständiges!

Amanda

(hämisch) Ich meinte es ja nur gut, gnädige Frau Kiesgrubenbaronin! Damit die Spesen der Informationsreise letztlich nicht höher liegen als der Kaufpreis für die Grundstücke!

Jedermann

(verschmitzt) Vieles, Frau Feierabend, lässt sich schon vorher abstimmen und regeln ohne allzu großen Kostenaufwand: Vor allem mit einem verlässlichen Geschäftspartner wie Goldhaus! Er will ja schließlich dort keine Luftschlösser, sondern Lustschlösser bauen.

Jedermanns Schwager

... und wohl auch einige Kulturpaläste! Die sollte man keinesfalls vergessen. Vielleicht eine Astropantheonkette in der Hölle!

Goldhaus

Da müsste auf jeden Fall vorher schon sehr gut überlegt werden, mit welcher Kultur der Teufel etwas anzufangen weiß!

Nachbar

So ist es. Ein solches Unternehmen will geplant sein. Da muss man umsichtig vorgehen. Meine Frau ist da die einzige richtige Partnerin.

Frau Nachbarin

Du bist heute so motivierend, mein Lieber! Das tut mir richtig gut!

Goldhaus

Und man sollte vor allem bei diesem pikanten Projekt kein Aufsehen erregen! Selbst Gerüchte könnten da schaden. Die

60

Konkurrenz ist hellhörig! Ich kann bei diesem Projekt gewiss bei allen eine strikte Diskretion als Selbstverständlichkeit voraussetzen.

Bürgermeister
Das ist ein Markenzeichen unserer Stadt! Dafür garantiere ich!

Amanda
(hämisch) Ein patentiertes Markenzeichen! Vom Rathaus bis zum Friseursalon!

Jedermann
Aber Frau Feierabend! Wenn das Frau Lockengel gehört hätte!

Zweiter Bauarbeiter
Ach was! Vor der lässt sich so und so nichts geheim halten! Was sie nicht hört, das riecht sie.

Dritter Bauarbeiter
... und rotzt es genauso schnell wieder aus!

Goldhaus
Noch bin ich ja auch nicht schlüssig, wo der Kauf beurkundet werden kann. Ob die Hölle wohl über ein Notariat verfügt?

(allgemeines Gelächter)

Jedermanns Schwager
Aber Herr Goldhaus! Wozu brauchen Sie eine amtliche Beurkundung? Sie als Ehrenmann! Sie sind doch Vertrauensperson genug.

Jedermann
Notfalls könnten die Beiden sich ja auch gegenseitig beglaubigen, sollten sie mich als Zeugen ablehnen!

Amanda
Nein, man braucht sich da wirklich keine Sorgen zu machen. Der Herr Goldhaus wird als Pionier solchen Unternehmens so ganz nebenbei ein eigenes Notariat einrichten und seiner Partnerin die Amtsgeschäfte anvertrauen und damit doppelt Kies verdienen.

Frau des Nachbarn
(zu Amanda) Warum nicht, Frau Feierabend? Es muss ja doch schließlich alles rechtmäßig über die Bühne gehen und seine Ordnung haben. Ich sagte es Ihnen schon: Wir machen keine schlüpfrigen Geschäfte. *(zu Goldhaus)* Es handelt sich ja schließlich um zukunftsweisende Pionierarbeit ...,

Jedermann
... die a priori durchschlagenden Erfolg verspricht!

Goldhaus
Bei der vorhandenen Vertrauensbasis bin ich mir da ganz sicher. Und wenn wir beide erst so richtig Fuß gefasst haben, dann werden wir auch noch ein Marketingunternehmen gründen, um später die ganze wirtschaftliche Entwicklung in der jenseitigen Welt zu kontrollieren.

Amanda
Dafür haben Sie ohne jeden Zweifel die beste Partnerin, die Sie sich wünschen können.

Frau des Nachbarn
Wie ich mich freue, Goldhäuschen! Wie ich mich freue! Endlich eine solide, wirklich von Herzen kommende Geschäftsbeziehung! *(in die Runde)* Und haben wir erst die Hölle aufgekauft, dann erschachern wir beide auch noch den Himmel.

(allgemeines Gelächter!)

Nachbar
Meiner Frau traue ich alles zu. Sie hat Power, den richtigen Riecher und das richtige Gemüt dafür! Das hat sie schon oft bewiesen.

Erster Bauarbeiter
Darauf ein Prosit der Gemütlichkeit!
(singt grölend)

Prost! Prost! Kameraden! Prost! Prost! Kameraden!
Der Teufel hat jetzt zwei verladen,
Dass sie genießen Brust an Brust
Die Höllenreise voller Lust.

Prost! Prost! Kameraden! Prost! Prost! Kameraden!
Bald wird der Teufel selbst verladen.
Der Plan der beiden ist obskur,
Besiegt selbst teuflische Kultur.

(Gelächter)

Nachbar
Darüber muss man nicht lachen! Was denkbar ist, ist möglich, und was möglich ist, ist auch machbar.

Frau Jedermann
Herr Nachbar, Sie haben gewiss Recht! Ihrer Frau darf man Einiges zutrauen! Aber selbst im Machbaren steckt noch ein großes Maß an

Theorie und Ungewissheit. Und diese Ungewissheit ist der stete Begleiter menschlichen Daseins. Sie gehört zu unserem Leben und zu unserem Selbstverständnis von der Geburt bis zum Tod.

Jedermann
Nein, meine Liebste! Bitte keine Ablenkungsmanöver! Heute bitte keine existenziellen Belehrungen! Sie zersetzen nur die gerade keimenden zarten Geschäftsbeziehungen der beiden noch so jugendlichen Partner. Unsere Jugend ist unsere Zukunft.

Frau Jedermann
Ach, welches Wunder der Erleuchtung! Du verstehst plötzlich etwas von Jugend und Zukunft, wo du doch sonst ausschließlich in der Gegenwart lebst!

Jedermann
Geschäftsprognosen darf man ja wohl noch aufstellen!

Frau Jedermann
Gewiss, wenn du nicht glaubst selbst ewig jung zu bleiben! Es gibt keine größere Banalität als diesen Spruch: Unsere Jugend ist unsere Zukunft! Die dümmste Binsenweisheit der Weltgeschichte! Entscheidend ist das Wie! Es steckt nämlich nicht nur der Fortschritt des Alterns in dieser jugendlichen Zukunft, sondern auch viel Ungewissheit. Und eben diese Ungewissheit ist die Erbsünde der Welt. Denn jede neue Erfahrung, die der Mensch macht, führt zwar zu einem neuen Stück Erkenntnis, schafft aber gleichzeitig auch wieder neue Probleme und wirft damit wieder Fragen auf, die nie zuvor gestellt wurden ...

Amanda
... und die nun wieder auf Antworten warten. Die geschichtlichen Denkmäler erinnern uns an diesen steten Prozess. In gleichem Maße, wie er sich unablässig um ewige Jugend bemüht, wird der Mensch den letzten Sinn des Daseins begreifen.

Jedermanns Schwager
... und das nennt man kulturelle Evolution!

Frau des Nachbarn
(giftig!) Wie gebildet Sie doch sind, Frau Feierabend! Das wusste ich gar nicht.

Bürgermeister
Eine hohe Philosophie! Eine sozusagen sehr hohe Philosophie!

Jedermann

Aber Frau Feierabend! Welche Bescheidenheit bei der Beurteilung menschlicher Fähigkeiten! Sind wir Beide denn nicht schon einen Schritt weiter als nur über Mögliches und Machbares und über die Unzulänglichkeit des Menschen zu diskutieren? Wir Zwei haben doch den Rubico längst überschritten. Unsere Geschäftsbeziehungen sind bereits geregelt. Trinken wir auf unser gemeinsames irdisches Unternehmen! *(Stößt mit ihr an!)* Prosit! Frau Feierabend! … Prosit auf ein vertrauensvolles Verhältnis! Prosit auf Erfolg und Gewinn in unserem Astropantheon!

Amanda

Sagen wir lieber auf eine harmonische und erfolgreiche Zusammenarbeit zum Wohle vieler Menschen! Prosit!

Frau des Nachbarn

(hämisch) Sie machen Fortschritte! Vor allem die harmonische Zusammenarbeit sollte gepflegt werden! Sie ist Grundlage für ein gesundes Betriebsklima, wenn man nicht zum Bankrotteur werden will. Ein Prosit darauf, Frau Feierabend!

Zweiter Bauarbeiter

Deswegen braucht man sich in diesem Fall keine Sorgen zu machen. Da steht der Herr Jedermann als Garant dahinter.

Bürgermeister

Glück und Erfolg auch meinerseits! Sozusagen zum immer währenden Nutzen für unsere Stadt!

(Alle stoßen an und trinken!)

(Donnern von weit her!)

Frau Jedermann

(sehr nachdenklich) Der Donner rollt, der Himmel grollt. Des Tantalus und Prometheus unendliche Qualen und des Sisyphos unentwegte sinnlose Schufterei finden kein Ende. Wer wird sie einmal gnädig erlösen? Was meinen Sie, Herr Goldhaus?

Goldhaus

Worüber Sie sich bei so ausgelassener Stimmung Gedanken machen, Frau Jedermann! Mein Problem ist eher das Wetter! Die Drei haben sich längst in Staub aufgelöst!

Frau Jedermann

Ach, wer weiß das schon? Wenn ich den Rohbau dieses Astropantheon betrachte, steht noch viel Sisyphosarbeit bevor und wohl auch so manche Gewissensqual. Augenscheinlich sind bis jetzt nicht einmal der Hunger und der Durst des Tantalus schon gestillt.

Clubfreund

So wenig Optimismus und Selbstvertrauen, gnädige Frau? Im Unterschied zu jener alten mythischen Welt haben wir doch diese Plagen der Menschheit lange überwunden. Die Arbeit lassen wir machen, unser Gewissen haben wir im Griff und am Büffet brauchen wir nur zuzugreifen und wir greifen bei dem Überfluss nie daneben. *(greift zum Glas)* Auf Ihr Wohl, Frau Jedermann! Prosit!

Frau Jedermann

Manchmal ist auch der Mangel von Nutzen. Er weitet das Bewusstsein und ist Lehrer der Selbstdisziplin. Mein Ehemann sollte das endlich einmal begreifen. So gut ich es ihm meine, so wenig beachtet er meine Sorge um ihn.

Jedermann

(ärgerlich) Bitte, meine Liebe, nicht jetzt! Ein anderes Mal wieder! Musst du denn immer eine gemütliche Runde und eine lockere Unterhaltung mit deiner Ernsthaftigkeit stören?

Nachbar

Lassen Sie sie nur! Ich weiß, dass uns die Frau Jedermann heute noch einige Humpen gönnt. So ist es doch, Frau Nachbarin!

Dritter Bauarbeiter

Die Frau Jedermann hat für uns immer etwas übrig.

Jedermann

So viel Sie vertragen, so viel Sie wollen! Greifen Sie zu! Meine Frau mag die Enthaltsamkeit predigen. Wir leben heute nach meinem Motto: Es lebe der Durst, es lebe die Lust! Es lebe das Leben!

Jedermanns Schwager

Das ist das Elixier einer hohen Kultur! Es lebe die Kultur! Prosit!

Alle

(durcheinander) Es lebe Jedermann! Hoch Jedermann! Prosit! Prosit! Hoch! Hoch Jedermann!

*(**Erneutes Donnern! Kurzes allgemeines Verstummen!**)*

Bürgermeister

Es scheint sozusagen ein Gewitter aufzuziehen. Wie schade!

Jedermanns Schwager

Ja, wie schade, dass die Kultur immer nur von so kurzer Dauer ist! *(Stimmengewirr, allgemeine Enttäuschung!)*

Nachbar

Herr Jedermann, es hat geläutet.

Jedermann

Ich habe nichts gehört! *(deutliches Läuten eines Handys)* In der Tat! Das ist mein Handy! Danke! *(Er kramt es aus der Jackentasche! Seine Erregung steigert sich.)* Hallo!…Ja!…Wer? … Anwaltskanzlei Dreher! … Ich grüße Sie, Herr Dr. Dreher! Schön Sie zu hören! Schon zurück aus dem Urlaub? ... Wunderbar! Was gibt es denn? … … Was? ... Probleme! … Heraus damit! … Anzeige! Baubehörde! Amtsgericht! … Was sagen Sie? ... Paket von Ungereimtheiten! Falsche Angaben! … Veräußerung des Grundstücks! … Anerkannte Forderungen! … Von welcher Seite? Ansprüche! Wer wagt es…? … Nein! Das darf doch nicht wahr sein! … Abweichung von genehmigter Bauvorlage! Das soll uns erst einer nachweisen! Das soll … So! Auch der Denkmalschutz! ... Diese Schweine! ...Was? Einstweilige Verfügung! … Einstellung des Baus? … Einstellung des Baus!… Nein! Nein! Das werde ich nicht hinnehmen! Das nicht! Wer bin ich denn? Die sollen Jedermann kennen lernen! Die sollen mich … Ich werde mit allen Mitteln, die zur Verfügung stehen … Zögern Sie nicht! … Sofort Widerspruch, Herr Dr. Dreher! … Ich werde ... Ich werde ... *(Er wankt an den Tisch, das Handy fällt ihm aus der Hand. Er hält sich die Hände an die Brust und fällt auf einen Stuhl. Sein Kopf schlägt auf die Tischplatte.)* Luft! Luft! ... Luft! *(Er sinkt zu Boden.)*

Frau Jedermann

Was ist los? Was ist mit dir? *(Sie beugt sich über Jedermann.)* Was fehlt dir? Schau mich an! Schau mich an!

Jedermann

Nein! … Nein! … Der Schmerz! …Der … Schmerz!

Frau Jedermann

(legt ihren Arm um ihn) Einen Arzt! Schnell! Einen Arzt! Helft doch!

Amanda

(greift zum Handy) Sofort! Sofort! Ich rufe an! *(Sie wählt.)* Kommen Sie sofort zum Kirchplatz! Es eilt! ... Jedermann selbst! Ja, zur Baustelle! *(Dann verschwindet sie.)*

(Mehrmaliges Donnern! Jedermann und Frau Jedermann allein!)

Stimme des Todes

(von weit her) Jedermann! … Jedermann! ... Jedermann!

66

4. Bild: Erinnerung

„Denn ich bin gekommen, um die Sünder zu rufen ..."
(Matthäus 9,13)

Sprecher

Herr, gib dem der Gnade Frist,
Der jäh dem Tod ins Auge blickt,
Vom Wege abgekommen ist
Und ganz im Irdischen verstrickt.

Wo Glaube, Hoffnung, Liebe glühte,
Sehr früh ins Herz hineingesät,
Bei dem, der kindlich sich bemühte,
Ist Umkehr niemals viel zu spät.

Jedoch bedarf ein klarer Blick
Des Wunders der Erinnerung.
Nur der besiegt sein Missgeschick,

Der aus der Welt Umklammerung
Sich lösen und befreien kann.
Herr, schenk die Gnade jedermann!

Ort: Krankenzimmer einer Klinik
Personen: Jedermann, Frau Jedermann, Arzt, Tod, Glaube, Hoffnung, Liebe

(Frau Jedermann und ein Arzt auf dem Weg aus dem Krankenzimmer, in dem Jedermann liegt.)
Frau Jedermann
Herr Doktor! Geben Sie mir eine offene und ehrliche Auskunft über seinen Zustand! Wie beurteilen Sie seine Chancen?
Arzt
Frau Jedermann, Ihr Gatte wird bald wieder das Bewusstsein erlangen. Anzeichen deuten darauf hin. Aber ich möchte Ihnen

trotzdem keine falsche Hoffnung machen. Unsere Möglichkeiten sind sehr begrenzt oder, um ehrlich zu sein, sie sind nahezu ausgeschöpft.

Frau Jedermann
Und eine Herztransplantation? Wäre sie nicht denkbar?

Arzt
Denkbar wohl! Aber sein gesamter Organismus ist zu sehr geschädigt! Sollte er sie überleben, dann höchstens eine begrenzte Zeit, und das wohl auch nur mit Hilfe von Geräten! Wollen wir ihm das antun?

Frau Jedermann
Ich habe das Schlimmste geahnt, Herr Doktor! Ich habe es befürchtet. *(nachdenklich)* Aber so sehr ich ihn vermissen werde, es ist nicht gut, dass man dem Leben ins Handwerk pfuscht! Wie lange wird er noch bei mir bleiben?

Arzt
Vielleicht nur Tage, vielleicht einige Wochen … eine Voraussage ist schwierig! Gewiss aber eine viel zu kurze Zeit. Es sei denn, es geschieht ein Wunder.

Frau Jedermann
Wunder sind Kinder des Glaubens und wohl nur Gläubigen vorbehalten! Ich fürchte, er gehört nicht zu ihnen, Herr Doktor.

Arzt
Wer weiß das schon?

Frau Jedermann
Ist es möglich, meinen Mann mit nach Hause zu nehmen, wenn er bei Bewusstsein ist? Ich möchte ihn wie in den vielen gemeinsamen Jahren auch beim Sterben begleiten. Er braucht mich bei seinem Abschied.

Arzt
Ein heute eher seltener Wunsch! Bedenken Sie, er wird Tag und Nacht auf Sie angewiesen sein, ... bis zu seinem Tod. Aber diese Entscheidung haben Sie zu treffen. Sie liegt in Ihrem Ermessen.

Frau Jedermann
Auch der Tod, Herr Doktor, gehört zum Leben. Genau so wie die Geburt.

Arzt
Wem sagen Sie das, Frau Jedermann! Wir erleben allerdings das eine

zumeist als freudigen, verheißungsvollen Aufbruch zu einer vielfältigen Reise, das andere grundsätzlich als ihr unausweichliches, meist sehr trauriges Ende!

Frau Jedermann
So sehen Sie es als Mediziner. Ich glaube nicht, dass Sterben auch Ende bedeutet.

Arzt
Mag sein! Aber uns Ärzten zeigt es tagtäglich die unerbittlichen und endgültigen Grenzen unseres Bemühens auf.

Frau Jedermann
Menschliche Grenzen, Herr Doktor! Menschliche Grenzen! Sie sind kein Hindernis für jenen Schritt in eine andere Welt, in der das Unvorstellbare Wirklichkeit wird. Allzu oft ist Sterben Erlösung. *(nachdenkliche Pause)* Ich bedanke mich für Ihre Aufrichtigkeit.

Arzt
Sie sind eine tapfere Frau.

Frau Jedermann
Ich und tapfer? Gewiss nicht! Ich bemühe mich nur über unseren manchmal sehr begrenzten Horizont ein wenig hinaus zu denken. Das spendet Trost in dunkler Zeit.

(Arzt und Frau Jedermann verlassen nach verschiedenen Richtungen die Bühne. Jedermann im Mittelpunkt der Szene. Er liegt auf einem Krankenbett.)

(Totentanz!)

(Der Tod tritt auf und holt sich zum Totentanz einen Partner aus den Zuschauerreihen, löst sich dann von ihm und stellt sich an das Kopfende von Jedermanns Bett. Er spricht beschwörend.)

Tod
Jedermann! ... Jedermann! ... Jedermann!

Jedermann
(Ganz langsam kommt Leben in den Körper, schwache unkontrollierte Bewegungen.) Nein! ... Nein! ... Nein!

Tod
Jedermann! ... Jedermann, hörst du mich!
(Stille!)

Jedermann

(Er regt sich und spricht mit schwacher stockender Stimme wie in einem Trancezustand.) Ich? … Ich? … Wo bin ich? … Wo? … Was ist das? …

Tod

Jedermann, ich bin dein Tod.

(Er beugt sich kurz über ihn und schaut ihm ins Gesicht.)

Jedermann

Wer? Wer ist hier? Ich träume wohl? Ich habe keinen Tod gerufen.

Tod

Jedermann, mich ruft man nicht.

Jedermann

Nein? … Ich kenne dich nicht. Tritt vor mich hin und lasse dich sehen! Oder verschwinde!

Tod

Jedermann, mir befiehlt man nicht.

Jedermann

Was willst du? Du skurriler wundersamer Kauz! Sind wir uns schon einmal begegnet? Zeige dein Gesicht und stell dich vor oder verschwinde!

Tod

Jedermann, mich fragt man nicht nach meinem Ich und meinem Tun. Ein jeder lernt mich einmal ganz persönlich kennen. Alleine dem bin ich hierbei ein wundersames Schreckgebilde, der mich ein Leben lang verdrängt aus seiner engen Welt. Nur er kann nicht begreifen, dass ich des Erdendaseins Ende bin und zugleich Pförtner hin zur Ewigkeit.

Jedermann

(noch im schlafähnlichen Zustand, etwas verunsichert) Ende! … Pförtner zur Ewigkeit! … Was soll das heißen? *(gelassen)* Lass deine spröden Witze! Ich lebe gerne hier, hier in der Gegenwart. Noch habe ich nicht das Bedürfnis mich zu verändern. Du bist mir lästig.

Tod

(entschieden) Jedermann! Der Tod ist keiner deiner Bittsteller, dem du, der große edle Herr, nach deiner Lust und deiner Laune ein Jota deiner Gnade schenkst und den du kaufen kannst wie viele deiner Zeitgenossen. Dein Leben geht dem Ende zu!

70

Jedermann

Und ich, der Jedermann, ich bin kein Sklave einer zufälligen Begegnung mit einem Hirngespinst!

Tod

Wie froh wärst du, die Freiheit eines Sklaven zu besitzen, wenn du nur voll bei Sinnen wärst!

Jedermann

Ich bin ein wenig müde. Der Stress der letzten Tage ... eine kleine, ganz natürliche körperliche Schwäche! Sie geht vorüber. Lass mich!

Tod

Wo ist dein klarer Kopf, mit dem du stets so stolz und überheblich prahlst? Du bist ein Träumer! Du redest wie ein Blinder über dich!

Jedermann

Was hätte ich für einen Grund! Wenn du meinen Schlaf nicht stören würdest, wäre ich schon bald wohlauf.

Tod

Erkennst du nicht die Stätte deines Aufenthalts? Erkennst du nicht die Charité? Für dich ist sie das Durchgangslager in eine neue, dir gänzlich unbekannte Welt.

Jedermann

(Er erhebt sich mit dem Oberkörper ein wenig , wie wenn er sich vergewissern würde.) Charité! Ja, du hast Recht. Mir kommt es auch so vor! Weiße und grüne Mäntel! Lauter weiße und grüne Mäntel! Und Schläuche und Geräte! Träume ich wirklich? Bin ich krank? Fast scheint es so. *(Sinkt in ursprüngliche Lage zurück.)* Die Ärzte werden alles tun, um meine Gesundheit sehr schnell wieder herzustellen. Sie vermögen heutzutage Wunder zu vollbringen.

Tod

So! Wunder an einem, der nicht an Wunder glaubt! Des Todes Macht wird bald bei deinem Sterben die Ohnmacht deiner Ärzte Kunst entlarven.

Jedermann

Es kam mir vor, als ob du vorhin meinen Namen nanntest. So kennst du wohl auch meinen Reichtum.

Tod

Was du so Reichtum nennst!

Jedermann

Ich werde keine Kosten scheuen, sollte einmal mein Leben wirklich auf dem Spiele stehen, du Komiker! Ich kaufe mir einen von den grünen Mänteln, der mich heilt und lasse mich von einem weißen pflegen, von einem schönen, wohl geformten jungen weißen! Jede Summe ist mir recht. Jede! Ich zahle jede Medizin der Welt.

Tod

Willst du mit Geld dein Leben kaufen? Wie eine Massenware aus dem Shoppingcenter? Mit dieser Billigwährung menschlicher Begrenztheit, die selbst auf deiner merkantilen Erde nicht immer volle Kaufkraft hat? Mit diesem treuen Diener menschlicher Bestechung?

Jedermann

Lass mich in Ruhe! Ein Scharlatan bist du. Ein Geisteskranker! Was trägst du für einen Mantel? Zeig ihn her! Was hat er gekostet?

Tod

(ironisch, überlegen) Die Menschen sehen mich zumeist in einfallslosem Schwarz! Schwarz sei mein Dienstgewand, so glauben sie! Zuweilen denken sie an jenes nackte elfenbeinerne Skelett, das eine Sense schwingt! Für Geld ist meine Farbe nicht zu haben.

Jedermann

(ärgerlich) Willst du mit leeren Worten mich verspotten? Willst du dich über mich lustig machen? Für Geld kann jeder alles haben. Dem Geld ist unser Dasein gänzlich unterworfen. Das Geld regiert die Welt.

Tod

Noch keiner hat den Tod damit bestochen! Mag Geld auch sonst so manchen heuchlerischen Ausweg schaffen, der Weg mit mir bleibt keinem Irdischen erspart.

Jedermann

(spöttisch) Was, du willst kein Geld? Wo kommst du her? Bist du ein Emigrant von einem fernen devisenlosen Stern? Ein Alien, wie man in Kreisen der Möchtegerngebildeten jetzt sagt?

Tod

Lass deinen kümmerlichen Spott und hör mir endlich ernsthaft zu, du hoffnungsloser Schleimer irdischer Gelüste! *(ironisch)* Allein, wenn man mit Geld die absolute Freiheit kaufen könnte, dann würde der Versuchung ich nicht widerstehen.

Jedermann

Was soll das heißen? Absolute Freiheit! Ein jeder schafft sich selbst sein Maß an Freiheit, je nach dem Reichtum, den er sich erwirbt.

Tod

Doch einer nur, nur einer, nennt sie sein ungeteiltes Eigentum, nur einer, dessen Wesen Allmacht heißt und dessen Mantel weder grüne, weiße oder schwarze Farbe ziert.

Jedermann

Hör auf damit! Ich ahne, wen du meinst. In meiner Schulzeit hat ein Pfarrer die Geschichten dieser Phantasiegestalt erzählt. Ich habe sie als Kind sehr aufmerksam mit Andacht und mit Ehrfurcht, auch mit Spannung einst genossen, diese Märchen infantiler Ministrantenwelt. Heute ist es meine Alte zu Haus, die mir tagtäglich die Zauberkunst des großen alten Zampanos mit Eifer predigt. Bisher ist er mir jedoch noch nicht begegnet. Grüß ihn von mir, wenn du ihn siehst!

Tod

Hättest du in dieser Welt doch deine Augen aufgemacht, du Ignorant! Jetzt darfst du ihn in seinem ewigen Reich sehr bald persönlich grüßen, du aufgeblasener Wicht der irdischen Vergänglichkeit.

Jedermann

Willst du mich belehren und beleidigen? Oder willst du mir gar Angst und Bange machen, du Klugscheißer! Was nicht greifbar ist, kann man nicht sehen, und was nicht sichtbar ist, das existiert wohl nur als Produkt der menschlichen Einbildungskraft.

Tod

Auch mich hast du vor blindem Eifer immer übersehen! Und doch! Jetzt bin ich dir ganz nah. Sogar dich selbst hast du aus deiner Welt verbannt, dich selbst betrogen und vor dem Leben stets dein Herz verschlossen und doch geglaubt, dass du das Maß der Dinge bist, der Nabel eines buckligen Planeten!

Jedermann

Ich lag gewiss nicht falsch, wenn es mir widerstrebte dem Aberglauben anderer zu frönen! Ich habe selbst das richtige Gespür dafür gehabt, was wichtig ist für mich und für mein Leben. Meine wohl durchdachte Strategie führte immer zu den von mir gesetzten Zielen. Stets habe ich meine Absicht, meinen Vorsatz durchgesetzt und damit mehr erreicht als ich zu hoffen wagte …

Tod

… dabei die Ellenbogen nicht geschont, den einen oder anderen bestochen, dem nächsten den Ruin beschert, den Dritten hintergangen und dich zu jeder Zeit gewissenhaft vom Gelde und vom Geize und von Gehässigkeiten leiten lassen und dich auch sonst Verlockungen des Irrwegs stets begierig zugewandt. War das nicht deine wohl durchdachte Strategie?

Jedermann

Du dreckiger Verleumder! Dem Fortschritt habe ich gedient. Nicht anders als die andern! Nur sehr viel produktiver!

Tod

So! Fortschritt nennt man das in deinen Kreisen! Und produktiv dazu! Wenn du des Nachts mit deinen Businessbrüdern in düsteren Kaschemmen bei dunklen Deals den großen Reibach machtest ... und hernach bei den Halbweltglitzerdamen in rauschgeschwängerten Etablissements erschacherte Moneten springen ließest. Und zudem so ganz nebenbei dem Staat die Steuer stahlst für jene monetären Berge, die du im Ausland notgelagert hast! --- Ich werde deinem produktiven Fortschritt bald ein Ende setzen. *(sehr bestimmt)* Ich bin dein Tod, der nicht mehr lange zögert! Allein die Gnade einer kurzen Frist der inneren Besinnung sei dir zuletzt gegönnt.

Jedermann

(hämisch) Wirklich? Welche Gunst von dir, du Burggespenst aus der okkulten Welt! Du willst mein Tod sein und zögerst vor mich hinzutreten? Übernimm dich nicht! Dein Name, so ich mich an dich erinnere, hat an Macht zu sehr schon eingebüßt. Nicht mehr lange wirst du den Menschen schrecken, bis er auch dich durchschaut hat und endgültig dir den Garaus macht. Die Wissenschaft ist da schon sehr weit fortgeschritten. Den Tod des Todes wird der Mensch sehr bald erleben.

Tod

Wissenschaft? Fortschritt? Du Opportunist! Du Eintagsfliege! Bist du auf beiden Augen blind, dass du dich selbst und zudem auch die Möglichkeiten deiner Welt so schamlos überschätzt, dass du nicht siehst, wie der Vergänglichkeit sie preisgegeben. Allein die Allmacht des Allmächtigen bleibt ewig und bedingungslos Gesetz. Sie gibt Spielraum dieser Welt und setzt ihr Grenzen. In ihrer Hand liegt alles Schicksal, liegt all dein Tun und deine Existenz und auch die meine. Auch ich bin nur ein Diener dieses allumfassenden Prinzips, das Menschen unbegreiflich ist und sich und seine Ewigkeit nur selbst begreift. Du wirst schon bald den letzten Weg beschreiten, den einzigen, der unabwendbar allem Irdischen beschieden ist und ihm Gewissheit bringt.

Jedermann

(erregt) Was redest du? Ich will nicht sterben. Ich darf nicht sterben. Ich werde nicht sterben. Noch habe ich viele Pläne nicht verwirklicht. Mein Astropantheon, mein Lebenswerk! Es ist kaum halb vollendet.

Tod

Auf Erden war noch keinem Menschen die Gnade der Vollendung je zuteil. Er müsste hierfür ewig leben. Er müsste dazu Gott vom Throne stoßen. Er müsste Gottes Allmacht übernehmen.

Jedermann

Nur ich kann diesen Bau zu Ende bringen. Nur ich kann dafür sorgen, dass er für meine Stadt von Nutzen ist und mir den verdienten Platz im Gedächtnis unserer Nachwelt sichert.

Tod

Du überschätzt des Menschen zeitliche Bedeutung. Sein Werk ist Pappmaschee der irdischen Vergänglichkeit, das, einer Blendrakete gleich, den Glanz des Augenblicks verbreitet und kurz darauf verlöscht und dann der dunklen Erde sich vermischt. Und diese einst der unerforschlichen Unendlichkeit. Du bist nicht einmal ein Sekundenzauber! Und auch dein Astropantheon wird schneller noch vergessen sein als jene alte Kirche nebenan!

Jedermann

Mein Name ist sein Synonym.

Tod

So! Dein Name ist sein Synonym. Wie majestätisch, Jedermann! Du selbst ernannter kleiner Gott in deinem kleinen Reich der Eitelkeit! Heut mag dich dort ein jeder kennen, schon morgen wird auf dem Friedhof des Grabsteins Inschrift nur an dich erinnern. Zuerst noch golden glänzend, dann mit der Zeit recht matt und schwach und immer schwächer und kaum mehr zu entziffern, bis endlich Buchstabe um Buchstabe verlöscht, weil auch kein Sprössling deines Namens ihn erneuern wird. Und selbst dein Grab mit deinen letzten irdischen Relikten wird fristgemäß dann aufgelassen.

Jedermann

Ich bin Jedermann. Ich bin weit und breit der größte und bekannteste und reichste Unternehmer. Ich bin verdienter Ehrenbürger unserer Stadt. Im Rathaus hängt mein Bild. Ich bin mit höchsten Orden ausgezeichnet. Ich bin ein langjähriger und treuer Freund und Berater unserer Regierung. Mein Name wird geachtet. Er überlebt die Zeit.

Tod

Kein Irdischer, nicht einer kann sich ein ewiges Gedächtnis schaffen. Maßlos überschätzt du dich: Denn schon dein Name Jedermann, den du als Erbe nur geliehen hast, schon er birgt irdisches Vergessen. Schon er macht dich zum anonymen Wesen.

Jedermann

Mein Name! Anonym, sagst du! Anonym! Du willst mich täuschen. Keine Erinnerung an mich? Keinen Lohn für meine Lebensleistung? Auch ich ein ungenanntes Etwas einer Masse? Das kann nicht sein. Nein! ... Nein! Du willst mich nur verwirren, du trügerisches Wesen! Es kann, es darf nicht sein, was du da von dir gibst!

Tod

Auf Erden ist dies ein unumstößliches Gesetz! Selbst die wenigen berühmten Namen seiner Zeitgenossen vermag der Mensch nur einen Wimpernschlag lang im Gedächtnis zu bewahren. Dein Dasein ist bedeutungsloser Hauch im immer wieder neu verfassten Buch labiler menschlicher Geschichte. Allein der Himmel misst mit eigenen, mit ewigen Gesetzen. Nur Gott vergisst dein Dasein nie, kein noch so kleines Staubkorn, nicht einen Atemzug des Lebens.

Jedermann

(sehr erregt) Hör auf mit diesen Schauermärchen von einer unfassbaren hohen Macht. Nach dir ist nichts mehr, nichts, wenn du wirklich der Tod sein solltest! Aus! ... Vorbei! Vorbei! ... Allein das Denkmal, das wir uns auf Erden setzen, hält uns für immer im Gedächtnis dieser Welt, von Generation zu Generation. Nur dies gibt unserem Leben Sinn.

Tod

Nicht du allein, Natur und Mensch und alles, was du siehst und was du fühlst, was du mit dem beschränkten Sinn erfassen kannst, ist Ausdruck von Geburt, Vergänglichkeit, Verfall. Einst aus dem Nichts geschaffen, kehrt es dereinst in dieses Nichts zurück. Es unterliegt der Zeit und sie läuft unerbittlich ab und mit ihr alles irdische Gedächtnis. Wer soll sich dann an dich erinnern?

Jedermann

Du Schalk! Nichts als ein Schalk bist du! Wenn nichts mehr ist, wer braucht dann noch Erinnerung? Wenn nichts mehr ist, ist alles aus. Jetzt hast du dich verraten.

Tod

Und übrig bliebe, so meinst du wirklich, nichts weiter als totales Nichts für immer und für ewig. Wie paradox! Wo du dein ganzes Leben lang um einen Zweck, um ein, wenn auch zumeist sehr eitles Ziel gerungen hast! *(hämisch)* Totales Nichts! ... Sag an! Soll das der Sinn des Erdendaseins, der Sinn der Welt gewesen sein? Ein Sinn, der letztlich sich als sinnlos präsentiert? Welch engen Horizont besitzt dein Denken! Nein, nein, mein Freund, so leicht wird es dir nicht gemacht. Es wird noch etwas sein, wenn deine körperliche Hülle längst in Nichts sich aufgelöst. Dein Tod ist nur ein Abschied von der Zeit und deine zugleich letzte große Chance!

Jedermann

(gelassen mit abwertender Geste) Als Toter werde ich davon wenig spüren.

Tod

Der Schalk bist du! Wie witzig und doch wie unbelehrbar! Kein Schüler ist ein solcher Ignorant: Dein Körper wird vergehen. Was du gedacht, wie du gewirkt in deinem Leben, vergisst der Mensch. Doch ungeschehen ist es trotzdem nicht zu machen. Es sind mit anderer Schrift notierte, festgeschriebene Zahlenreihen der Früchte deines Geistes, deines Herzens, deiner Seele, für die noch nicht Bilanz gezogen. Sie gleichen offenen Fragen, die einer letzten Antwort harren.

Jedermann

Als Toter kann ich keine Fragen stellen und so wohl auch die Antwort nicht erhalten.

Tod

Dein ganzes Erdenleben, das nun sehr bald zu Ende geht, kommt einer Frage gleich. Und darauf wird dir einer richterliche Antwort geben, der Sinnes Ursprung und Bedeutung ist, der, dem Unendlichkeit zu eigen und der das Leben dir geschenkt, der wird dir Antwort geben auf dein Leben, gleich, ob es dir genehm ist oder nicht. Und diese Antwort, sie ist zeitlos, sie ist ewig gültig.

Jedermann
Der Mensch braucht keinen Lebensrichter. Er ist sein eigenes Maß. Mit seinem Leben muss er schließlich auch bezahlen, dass er lebt, ... wenn man dir glauben darf.

Tod
Noch bist du allzu sehr von deiner angemaßten Klugheit eingenommen und so nicht fähig zu begreifen, von wem dein und alles Leben stammt, von wem Natur und Mensch und Welt zu immer neuem Dasein aufgerufen, von wem Impuls und Kraft und Seele des Anfangs und des steten Neubeginns denn stammen, von wem die Zeit gemacht und wer dem Ganzen einmal auch ein Ende setzen wird nach seinem Willen.

Jedermann
Lass mich in Frieden und verschwinde! Wer macht sich darüber schon Gedanken! Warum soll ich mir gerade jetzt den Kopf zerbrechen!

Tod
Weil du schon fast am Ende deiner Tage bist.

Jedermann
(gerät außer sich) Du machst mir Angst. Furchtbare, unerträgliche Angst! Verschwinde! Schluss soll sein mit mir! Ich bin verwirrt! Ich fühle mich krank! Krank! Hörst du! Alles kreist um mich! ... Ich kann nicht atmen! Verschwinde, Tod! Ich halte dich nicht aus. *(Sackt in sich zusammen.)*

Tod
Noch bleibt dir eine kurze Spanne, um nachzudenken. Noch einmal selbst dich zu befragen und ehrlich über dich Bilanz zu ziehen, bevor man Rechenschaft an anderem Orte von dir fordert. Ich gebe dir die Gnadenfrist besinnlicher Erinnerung.

Jedermann
Gib zu, dass du nicht wirklich bist, nur übler Spuk! Alles nur Sinnestäuschung, nur böser Traum! Nur irre Welt! Weg! Weg damit! Ich bin wirklich krank ... ich brauche Ruhe! Ruhe! Ruhe!

Tod
(ironisch) Die sei dir schon sehr bald und zeitlos dann gegönnt. Auf etwas andere Art und Weise!

Jedermann
Was sagtest du? Erinnern soll ich mich! Erinnern! Woran soll ich

mich denn erinnern?

Tod

An das, was deinem Leben einst die Richtung gab, und das, was dir sehr früh abhanden kam und was dir heute fehlt, kurz vor dem Aufbruch in die Ewigkeit, die weder Raum noch Zeiten kennt.

Jedermann

Was meinst du da? Ich verstehe dich nicht. Mir fehlen die Gedanken. Ich bin verwirrt. Raum und Zeit – Raum und Zeit! Sie drehen sich in mir. Wo bin ich? Wo steht mir nur der Kopf?

Tod

Ich will dir helfen, Jedermann, wenn du dir helfen lässt. Dein Glaube wies dir früh die rechten Wege, deine Hoffnung trugen hohe Ideale und deine Liebe galt einst Gott und seiner ganzen Schöpfung. *(Jedermann erhebt sich mühsam mit dem Oberkörper aus seiner liegenden Haltung ein wenig empor.)*

Jedermann

Ich bin so hilflos, so gelähmt, ich bin so leer und doch brennt in mir alles! Ausgeliefert bin ich dem, was mit mir ist und um mich her geschieht. In welcher Welt befinde ich mich? Sie richtet mich zu Tode! Sie hat mich auf dem Gewissen ... Sie ist schuld! ... Nur Nacht um mich! Bin ich dem Wahnsinn nahe? Was ist das? Was kommen da für neue Schatten auf mich zu?

(Er sinkt in seine ursprüngliche Lage zurück. Der Tod verharrt bewegungslos an seinem Kopfende. Glaube, Hoffnung und Liebe treten auf und postieren sich am Fußende und zu beiden Seiten.)

Glaube

Jedermann, ich bin dein Glaube, den du vor langer Zeit verloren hast.

Hoffnung

Jedermann, ich bin deine Hoffnung, auf die du lange nicht mehr setzt.

Liebe

Jedermann, ich bin deine Liebe, die in dir erloschen ist.

Jedermann

Verschwindet, ihr teuflischen Hexen! Ihr Fabelwesen naiver Einbildungskraft! Ich bin erwachsen. Ich glaube nicht mehr an das Christkind. Verschwindet! Verschwindet! Ich habe euch nicht gerufen.

Glaube
Wir müssen nicht gerufen werden. Wer einmal uns begegnet ist, der trägt uns stets in seinem Herzen, auch wenn ihm dieses nicht bewusst.

Hoffnung
Wir sind dem Menschen eingepflanzte Lebenschancen, für den, der auf uns hören kann.

Liebe
Wir sind die Lichter auf dem Weg zum wahren Glück für den, der uns begreift will.

Jedermann
Ihr seid die antiquierten und verstaubten Metaphern, mit denen man früher einmal die Welt verbessern wollte. Vergeblich wie man sieht!

Glaube
Einst waren wir in dir lebendig.

Hoffnung
In deinen jungen Jahren ließest du dich von uns führen.

Liebe
Jetzt sind wir deine Boten der Erinnerung.

Jedermann
Ihr seid die entwerteten und unverkäuflichen Ladenhüter des Aberglaubens im Schlussverkauf der Kathedralen.

Glaube
Nur für den, der nicht mehr glaubt.

Hoffnung
Nur für den, der nicht mehr hofft.

Liebe
Nur für den, der nicht mehr liebt.

Jedermann
Hirngespinste seid ihr! Warum rede ich mit euch? Ihr trügerischen Illusionen! Ich lasse mich nicht täuschen. Nur Schaden habt ihr angerichtet, nur Leid gestiftet. In eurem Namen wurden Kriege geführt, euretwegen Menschen hingemordet. Weg mit euch! Weg!

Glaube
Von der Geburt bis hin zum allerletzten Atemzug sind wir die Triebkraft menschlichen Bemühens.

Hoffnung
Allein, wir werden allzu oft verkannt, ins Gegenteil verkehrt. Wir

werden allzu oft missbraucht.

Liebe

Wir werden allzu oft vergessen, aus manchem Leben ganz und gar verbannt.

Jedermann

Verschwindet! Ich bin auf euch nicht angewiesen! Ich war und bin mir selbst genug. Ich weiß um meine Stärken und mein Können. Ich bin stolz auf meine Erfolge. Das war immer so, von Anfang an!

Glaube

Nein, Jedermann! In deiner Kindheit und in vielen Jahren deiner Jugend bestimmten wir allein die Richtung deines Lebens, als du noch glauben konntest an Gottes Gnade und an sein Gebot.

Hoffnung

Als du noch voller Zuversicht dem Weg zu lohnenswerten Zielen folgtest und nicht nur dem zu Reichtum und Besitz.

Liebe

Als du dich selbst noch wirklich liebtest und dein eigenes Ich spontan und gerne in den Dienst des Nächsten stelltest.

Jedermann

Wie wenn der Nächste mir heute nicht genauso wichtig wäre!

Glaube

Gewiss! Jedoch steht jetzt der Nächste im Dienste deines Ichs.

Hoffnung

Einst wolltest du ihm Trost und Hoffnung schenken.

Liebe

Jetzt siehst und kennst du nur dich selbst.

Jedermann

Ich will davon nichts wissen. Ihr quält mich. Nicht anders habe ich gehandelt als die andern. Nur produktiver und mit größerem Erfolg!

Liebe

Erinnere dich! Wie du mit Eifer und mit Freude einst Kleidung, Nahrung und nicht wenig Geld gesammelt hast für Kinder in der Sahelzone! Zu schützen sie vor kalten Nächten, zu stillen ihren Hunger, ihre Krankheit zu bekämpfen! Du opfertest sogar den letzten eigenen Groschen.

Glaube

Erinnere dich! Wie du, selbst noch ein Schüler und streng zur Sparsamkeit erzogen, dafür den Tadel deines Vaters spürtest, der deine jugendliche Güte Dummheit schalt?

Hoffnung

Erinnere dich! Wie du ob dieser Dummheit wochenlang auf jegliche Vergünstigung verzichten musstest.

Liebe

Und du dies ungerührt, zufrieden und mit dem Wohlgefühl der rechten Tat auf dich genommen hast.

Glaube

Wie deshalb auch der Freunde Spott dich hart getroffen hat, weil hernach dir das Geld für den Besuch der Disco fehlte.

Hoffnung

Wie du sie fragtest, ob das Opfer für einen anderen jungen Menschen, der stets an Hunger leidet, den die Krankheit quält, nicht Vorrang vor dem eigenen Vergnügen haben müsse.

Liebe

Und du zufrieden und mit voller Überzeugung dir fest geschworen hast: Nie werde ich anders handeln, weil ich gar nicht anders handeln kann.

Jedermann

Hört auf! Es ist so lange her. Ich ertrage diese kindlichen Gefühle heute nicht mehr. Die andern hatten Recht, wenn sie mich damals mieden, wenn sie mich dumm und töricht und einen Narren hießen, wenn ich als Sonderling nicht mehr zu ihnen zählen durfte.

Glaube

Nur eine Zeitlang hielt dein Schwur, um dann der anderen wegen den Glauben an das Gute über Bord zu werfen!

Hoffnung

Für Zuversicht, Ergebenheit und für Vertrauen ... Begierde, Trieb und Sucht dir einzutauschen!

Liebe

Den Samariter in den Egoisten zu verwandeln!

Glaube

Erinnere dich an jenen Volksfestabend und den von Blute überströmten Körper eines fremden Jungen!

Hoffnung

Als eine Schar von blinden Schlägern der Lust an Grausamkeit und Willkür frönte.

Liebe
Und du begierig diesem Schauspiel folgtest und dich hernach dann
ungerührt und ganz verstohlen aus dem Staube machtest.

Jedermann
(Er windet sich im Bett.) Es sahen auch noch andere zu. Hätte ich
mich auch noch in Gefahr bringen sollen? Hätte auch ich noch
halbtot am Boden liegen müssen? Es genügte doch wohl einer.

Glaube
Du warst auch nicht bereit die Polizei zu rufen, dem schwer
Verletzten Hilfe anzubieten und vor Gericht als Zeuge aufzutreten.

Hoffnung
Vielmehr verstecktest du dich in der Anonymität, erspartest dir das
Muss der menschlichen Verpflichtung.

Liebe
Barmherzigkeit war dir fortan ein fremdes Wort.

Jedermann
Ich handelte so wie mein Verstand es mir gebot, so wie die meisten
Menschen handeln. Hätte ich mich vielleicht aufopfern sollen für
einen gänzlich Unbekannten? Für einen hergelaufenen Emigranten,
wie hernach in der Zeitung stand! Warum gerade ich? Nein! Nein!
Nicht jeder ist zum Märtyrer berufen.

Glaube
Märtyrer! Dies Wort! Es klingt so eigentümlich fremd aus deinem
Munde!

Hoffnung
Man muss nicht heilig sein, um seinem Nächsten einen Dienst zu
tun.

Liebe
Man muss nicht heilig sein, um ihn zu achten und zu schätzen wie
sich selbst.

Jedermann
Die Menschen schätzen doch nur den, den sie auch fürchten! Von
ihnen habe ich dies gelernt. Sie machten mich in allem zu dem, was
ich jetzt bin. Sie tragen die Verantwortung. Klagt sie doch an ob
ihrer Schuld!

Glaube
So? Auch jene schöne, kluge und verständnisvolle Freundin deiner
Studienzeit?

Jedermann
Ach! Habt ihr Moralapostel noch so eine Story auf Lager, die ich längst vergessen hatte?

Liebe
Begehrt war sie von vielen und du gar sehr bewundert, dass sie gerade dich zum Partner und zum Freunde wählte.

Jedermann
Wie lange ist das her? Jahrzehnte! Ich würde sie heute nicht mehr erkennen.

Hoffnung
Gemeinsam wolltest du die Zukunft mit ihr meistern, vereint mit ihr und nur mit ihr dein Leben teilen, was es an Freude und an Leid auch bringen sollte.

Glaube
Das hattest du ihr einst geschworen.

Liebe
Dafür hat sie dich ohne Vorbehalt für immer in ihr Herz geschlossen.

Hoffnung
Und doch verlangtest du in einem fort und ohne Wenn und Aber Beweise ihrer absoluten Liebe, ...

Glaube
... weil grundlos du dem Neid der Freunde und mehr und mehr dem Misstrauen und der Eifersucht zum Opfer fielst! Da wolltest du sie schnell zum wohl erzogenen Spielzeug deiner Herrschaft machen.

Jedermann
Im Leben muss der Mann die Richtung weisen, war meines Vaters Rede, nicht die meine!

Glaube
Nur deine Worte waren andere, ihr Sinn jedoch der gleiche. Denk nur zurück an jenen Urlaub mit der Clique an Dalmatiens Küste, den du der Armen gönnerhaft bezahltest! Du wusstest wohl, dass dein Verlangen damals ihr das Leben kosten könnte. Wie war doch deine so überaus gebieterische Rede?

Hoffnung
„Die Zukunft ist ein Wagnis. Du musst stark und mutig sein und stets an mich nur glauben. Beweis mir deine Treue, beweis mir deine Liebe und springe von der Meeresklippe. Du fürchtest dich doch nicht."

84

Jedermann

Was soll die lang vergessene Romanze? Was soll die alte Karamelle, diese aufgewärmte Gourmetepisode, die mir Einiges gekostet hat. Ich bin mir nicht der kleinsten Schuld bewusst. Hört auf damit! Hört auf!

Hoffnung

„Jetzt spring doch endlich! Die paar Meter! Die andern Weiber haben alle ihrem Freund zuliebe es getan!"

Liebe

„Du weißt, mir wird so schwindlig bei dem Anblick dieser Tiefe! Ich schwimme schlecht, ich habe Angst, so unermesslich große Angst."

Glaube

So flehte sie und sah dir liebevoll und bittend in die Augen.

Hoffnung

„Jetzt stell dich nicht so an! Spring! Mir zu Liebe! Zeig allen, dass ich alles für dich bin!"

Liebe

„Ich bitte dich. Du kannst auch ohne diese Probe an mich glauben!"

Hoffnung

„Du bist nicht anders als so viele andre. Steht die Bewährung an, versagen sie! Zeig jetzt die Schönheit deiner inneren Werte, wenn deine Schönheit mehr als nur Fassade ist! Spring nicht, wenn es dir leichter fällt! Noch heute können wir uns trennen."

Glaube

So dein unerbittlich hartes Postulat! Und ihrerseits ein letztes inniges Bekenntnis.

Liebe

„Du weißt doch, dass ich für dich alles tue. Ich würde springen, wenn du da unten um dein Leben kämpftest, weil meines dann für deines bürgen müsste. So aber ist er nicht vonnöten und sinnlos, dieser Sprung, in eine für mich unbekannte Tiefe."

Glaube

Doch du, der Jedermann, beharrtest ob vorhersehbarer Häme, des unentwegten Spotts der so genannten Freunde wie ein Macho auf dem Irrsinn deiner Worte. Du triebst das arme Wesen in die ausweglose Enge der Gefühle.

Jedermann

(aufgebracht) Ich will davon nichts mehr hören. Das ist Vergangenheit! Schluss! Aus! Vorbei!

Glaube

Sie setzte ängstlich zögernd an zum Sprung, sie rutschte aus und kam ins Straucheln. Sie schleuderte die steile Wand hinab, flog hilflos wie die Puppe, die entglitten ist den Armen eines Kindes, in die Tiefe.

Jedermann

(schreiend) Nein! Nein! Nein! Hört auf! Ich kann das nicht ertragen!

Liebe

Ein jäher Schrei! Sie prallte hart auf nackten Fels! Sie lag bewegungslos, sie lag gelähmt am Abgrund ihres Lebens.

Jedermann

(Er hält sich die Ohren zu!) Hört auf! Hört auf! ... Hört endlich auf!

Glaube

Die allzu edlen Freunde stoben auseinander. Und in dir regte sich nicht Mitleid, nur schiere Angst um dich allein, um deinen Ruf, um deine Zukunft! Erschrocken und entsetzt und ratlos, so blicktest du hinab und dann hinauf zum Himmel.

Hoffnung

„Ich werde alles tun, ich werde alle Opfer bringen, wenn sie jetzt aufsteht, sich bewegt und laufen kann."

Liebe

So flehtest du nicht ihretwegen! Allein nur aus der Sorge um das eigene Ich! Vergeblich! ... Vergeblich war dann auch die Kunst der Ärzte!

Jedermann

Wer weiß, ob sie damals überhaupt alles versucht hatten. Ich zweifle daran.

Glaube

Dann sollte er da oben allein die Folgen deines frevelnden Verlangens korrigieren.

Hoffnung

„Hilf, Vater! Ich gelobe dir zu Liebe wie einst dein Sohn das schwere Kreuz den Todesberg hinaufzutragen, wenn sie nur wieder laufen kann! Ich werde ein Vermögen opfern!"

Jedermann

Sie hätte ja nicht springen müssen! Sie selbst ist schuld. Sie ganz allein! Nicht ich! Nicht ich!

Glaube

Wer lässt sich schon auf solchen Handel ein? Mit Gott ist solcher

Deal nicht möglich.

Hoffnung
Vorbei für sie die sorgsam vorgeplanten Tage einer hoffnungsvollen Zukunft! Vorbei für dich die flüchtige Illusion von trügerischen Lebensträumen.

Liebe
Du trenntest dich sehr schnell von ihr und fandest Trost bei mancher andern. Ihr aber blieb der Rollstuhl nur als ständiger Gefährte.

Glaube
Und mit ihr verbanntest du, der das Gewissen Schritt für Schritt zum Schweigen brachte, endgültig, wie du meintest, Gott aus deinem Leben.

Jedermann
Ich hatte so an ihn geglaubt, mit seiner Hilfe so gerechnet! Ich war furchtbar verzweifelt, dass alles so gekommen war. Wo blieb die göttliche Barmherzigkeit? Ich wollte mir das Leben nehmen. Könnt ihr das nicht verstehen? Er hätte damals helfen müssen, er müsste immer helfen. Wenn es ihn wirklich gäbe, trüge er die Schuld.

Hoffnung
Hat er dir nicht geholfen? Nicht eine weitere Chance dir gegeben? Hat er dir nicht letztendlich jene Frau geschickt, die nie die Hoffnung aufgegeben, dich aus der Gefängniszelle engstirniger Gedanken zu befreien?

Jedermann
Hört auf! Ihn gibt es nicht. Ihn darf es für mich nicht mehr geben!

Liebe
Er ist. Er ist mit dir. Er ist in dir.

Glaube
Bei jedem guten Gedanken.

Hoffnung
Bei jedem guten Wort

Liebe
Bei jeder guten Tat.

Jedermann
Wollt ihr mir vormachen, dass mein ganzes Leben nutzlos, übel, ja verderblich war, weil ich nicht mehr an ihn glaubte, nicht mehr auf ihn hoffte und ihn auch nicht mehr lieben konnte? Ich kam auch ohne ihn zurecht. Sehr gut sogar! So gut wie viele andere!

Glaube

Das meinst du nur! Gott kannst du nicht entfliehen. Denk nach und schaffe Wahrheit über dich am Ende deiner Tage!

Jedermann

(rafft sich hoch) Ich sehe meine Frau vor mir. Ihr sprecht wie sie. Genau so wie sie. Sie konnte mich nie überzeugen! ... Nie! ... Nie!

Glaube

Das wird auch niemals möglich sein bei dem, der nicht mehr an das Gute glaubt.

Hoffnung

Das wird auch niemals möglich sein bei dem, der nicht sich selbst gerechter Richter ist und so auf bessere Zukunft baut …

Liebe

… und der nur Reichtum und nicht sich noch andere wirklich lieben kann.

Glaube

Wir sind dir, dem Jedermann,

Hoffnung

nur wohlgesinnte Assistenten

Liebe

in äußerst kurz bemessener Zeit.

(Glaube, Hoffnung und Liebe treten ab.)

Jedermann

Ich bin so müde! Ich bin verzweifelt! Ich bin so krank! Die Welt ist schuld daran! Die Menschen haben mich so weit gebracht! Sie haben mich zu dem gemacht, was ich jetzt bin. Sie alle, sie alle sind Verbrecher! ... Wer gibt mir die Kraft noch einmal aufzustehen? ... Ich will nach Hause! Ich will nach Hause! ... Wo ist ein Arzt? Wo ist meine Frau? Wo ist mein Daheim? *(Er sinkt auf sein Bett zurück!)*

Tod

Jedermann! … Jedermann! … Jedermann! Wach endlich auf und sei ein Mensch und gehe aufrecht deinen letzten Schritt! Du wirst dabei sehr einsam sein, denn ich allein, nur ich, ich werde schweigend dein Begleiter sein in eine neue, in eine unbegreifbar neue Welt!

(Der Tod entfernt sich und holt sich aus dem Kreis der Zuschauer einen Tanzpartner. Jedermann hebt sich im Bett ein wenig hoch und sieht am Ende der Szene den Totentanz.)

5. Bild: Abschied

„Selig, die arm sind vor Gott ..."
(Matthäus 5,3)

Sprecher

Abschied ist ein Schritt der Zeit:
Sich von dieser Welt zu lösen,
Von allem Guten, allem Bösen,
Sei zuletzt der Mensch bereit!

Abschied ist ein Schritt der Zeit:
Was nur befristet ist geliehen,
Ob Armut, Geld, ob Lust, ob Mühen,
Davon wird jedermann befreit.

Abschied ist ein Schritt der Zeit:
Nur der wird ihn ein Unglück nennen,
Dem es sehr schwer fällt sich zu trennen
Von irdischer Geschäftigkeit.

Abschied ist ein Schritt der Zeit:
Wann er zu tun, kann niemand sagen.
Ob jetzt, ob erst in fernen Tagen?
Stets ist er Akt der Einsamkeit!

Abschied ist ein Schritt der Zeit:
Ist dieser letzte Schritt getan,
So fängt ein anderes Dasein an,
Dem keine Uhr gibt das Geleit.

Abschied ist ein Schritt der Zeit:
Lass jeden, Herr, hinübergehen,
Um die Barmherzigkeit zu sehen
In deiner Welt der Ewigkeit!

Ort: Im Hause Jedermanns
Personen: Jedermann, Frau Jedermann, Amanda, Erstes Kind,
Zweites Kind

(Jedermann allein. Er sitzt im Rollstuhl.)
Jedermann
Diese Nacht ... diese dunkelste Nacht in meinem Leben! Ich glaubte, es sei für mich die letzte, die ewige, ... die, die endgültig *ihre Kerzen ausgebrannt*, und der man nicht entflieht im letzten Augenblick wie Romeo aus Julias Gemach nach dem Appell der Lerche. Diese Nacht ... sie ließ mir nicht den kleinsten Spielraum eigener Entscheidung! Gepackt und festgehalten hat sie mich mit derber roher Faust, hat mir die Sinne gelähmt mit jenem Gift der Erinnerung an Bilder längst vergangener Tage, mit der Auferweckung schon längst verschollener Gesichter, hat mich verspottet und gepeinigt mit der Häme schon längst bedeutungsloser Ideale und mit dem Vorwurf übertriebener Härte meines stets geschönten Tuns. Habe ich denn anderes getan als andere? Habe ich anders handeln können als es die Zeit von mir verlangte? Habe ich den Notwendigkeiten des Lebens nicht stets gewissenhaft entsprochen? Haben nicht auch andere genossen, was ich schuf? ... Wer will mir da den Reichtum jetzt zum Vorwurf machen? Brandmarken ihn als verhängnisvolles Erbe meines Lebens ... Reichtum! ... Hätte ich mich nur am Durchschnittsmaß der Masse orientieren, Talent und Fleiß und meine Leistungsfähigkeit verleugnen sollen? Mit Umsicht habe ich geplant, bei weitem mehr geschuftet als andere ... ein höheres Risiko getragen und die Kasse der Kommune mit Steuergeldern reich gefüttert. Ist es da nicht gerecht, dass ich mir auch ein wenig mehr an Luxus leisten konnte? ... Er stand mir zu! ... Auch wenn der Neid der andern mir meinen Lebensstandard niemals gönnte! ... Der Neid, den jeder krampfhaft zu verbergen sucht und der doch stets im heuchlerischen Kleid der Schmeichelei ganz offen dann vor Augen tritt. Um mich herum diese kleinbürgerlichen Schmierenschauspieler mit ihrer zementierten Scheinmoral! Nicht meine Erfolge, meinen Einfluss, nicht jene Zeiten ausgelassener Freude hat man mir gegönnt. Nicht einmal jene Nächte lockerer Entspannung, die wohl ein jeder braucht, um einen nächsten harten Tag zu überstehen. Nicht einmal sie! Bis in den Traum hinein hat mich die Welt mit ihrem Neid

verfolgt und doch stets freudig mit mir mitgefeiert. *(Besinnliches Innehalten!)* Diese Nacht! Diese feindlichste aller Nächte! Alles Schöne hat sie ausgelöscht, was für mich wertvoll war! Ins Gegenteil verkehrt, wofür ich lebte! Warum nur? Warum hat sie mich nicht ganz und gar behalten? Nicht Schluss gemacht, endgültig Schluss mit mir, dem Jedermann? Warum hat sie als ungeeignet für den Tod mich abgelehnt, mich zurückgeworfen in eine kurze Frist erbarmenswerten Lebens? Sie hat mich ausgespien wie einst aus seinem Bauch der große Fisch den Jona, den Propheten, den man ins Meer geworfen hatte. War er nicht geflohen, als er von seinem Herrn den Auftrag hatte, dem sündigen Ninive mit einem Strafgericht zu drohen? Und musste er sich dann dem Befehl letztendlich nicht doch beugen? Empörte er sich nicht zu Recht ob dieses Herren launenhaften Sinneswandels, als der die Stadt dann plötzlich doch verschonte, nur weil die Menschen sich in Bußgewänder hüllten? Und wünschte Jona nicht zu Recht den eigenen Tod, weil er sich von eben jenem Herrn zu nichts anderem als zum Narren machen lassen musste und er verzweifelt war ob jener Willkür der Barmherzigkeit?
...
Diese Nacht, diese grausame, diese unbarmherzige Nacht! Was hat sie alles hoch gespült, was lang im Untergrund verschüttet war. Sie ist vorüber und lastet dennoch schwer auf mir. Warum nur? Wo liegt da ein Sinn? Was habe ich anderes verbrochen als diese Welt an mir verbrochen hat?
(Frau Jedermann tritt ein!)
Frau Jedermann
Du bist so sehr in dich versunken! Was quälen dich für düstere Gedanken? Freue dich, dass du bei dir und bei mir zu Hause bist. So leicht wie früher wirst du mir jetzt nicht mehr entwischen können.
Jedermann
Wer weiß, ob ich das überhaupt noch einmal schaffen werde? Ich fühle mich so schwach und ohnmächtig wie nie in meinem Leben und doch so ruhelos und aufgewühlt in meinem Innern.
Frau Jedermann
Du bist es nicht gewohnt deine Zeit im Rollstuhl zu verbringen und mit dir und deiner Welt Geduld zu haben. Und noch weniger kannst du es ertragen ganz auf die Hilfe anderer angewiesen zu sein und dabei auch nicht mehr über sie verfügen zu können

Jedermann

Da magst du Recht haben. Früher konnte ich befehlen. Heute muss ich bitten.

Frau Jedermann

Mach dir deswegen keine Gedanken! Du bist bei mir. Und ich, ... ich war, so lange ich dich kenne, nie auf Befehl für dich da.

Jedermann

Warum hast du dich dann so oft als meine Haushälterin bezeichnet?

Frau Jedermann

Musste ich deswegen deine Befehlsempfängerin sein? Eine richtige Familie mit Kindern stand deinem Ich im Wege. So hatte ich mich hier im Hause mit dem zu begnügen, was mir als Aufgabe blieb. Auch darin sah ich einen Sinn.

Jedermann

Dass du damit immer zufrieden sein konntest?

Frau Jedermann

Immer zufrieden? ... Immer? ... Kam es dir so vor?

Jedermann

Zumindest hast du dich nie allzu sehr beklagt.

Frau Jedermann

Zufriedenheit ist ein weiter Begriff. Ich habe dich geheiratet und damit Pflichten und Verantwortung übernommen. Und du weißt doch auch, dass ich nicht zu denen gehöre, die gleich davonlaufen, wenn dabei der Spaß aufhört. Ich bin kein Fan des labilen Stimmungsbarometers unserer Zeit.

Jedermann

Nach nunmehr fast dreißig Jahren kann davon gewiss nicht mehr die Rede sein. Wenn ich ehrlich bin, ... ich hoffte manchmal insgeheim darauf, dass du dich von mir trennen würdest. So manchen moralischen Fingerzeig hätte ich mir erspart.

Frau Jedermann

Und bei einer Scheidung sehr viel Geld verloren! Vergiss das nicht! Sollte ich es dir und auch mir so einfach machen? So wie unsere Gegenwart es gar zu eifrig pflegt? Ich bin kein Modemensch, eher für heutige Gepflogenheiten ein wenig zu anhänglich.

Jedermann

Wie konntest du es aber jahrzehntelang mit einem Ehemann, verzeih, mit einem Hausgenossen aushalten, der allzu früh andere Wege ging und meist sein eigenes Leben lebte?

Frau Jedermann
Und die Haushälterin zugleich zur Nonne werden ließ! Das meinst du doch?

Jedermann
Du hattest wie mir scheint genügend Möglichkeiten dich abzulenken.

Frau Jedermann
Gewiss! Nicht wenige versuchten mich zu trösten. Man wusste ja wie es um uns steht. Du würdest dich auch nicht wenig wundern, wenn ich dir die Namen nennen würde. Gar mancher dieser Honoratioren unserer Stadt ist dir allzu sehr vertraut.

Jedermann
Und nie hast du die Gelegenheit genützt? Eine dürstende Seele verlangt nach himmlischem Nektar.

Frau Jedermann
(ironisch) Wie poetisch du doch zum Ausdruck bringst, was mir zuweilen unumgänglich schien. Doch löschte der Gedanke an die Flüchtigkeit des Abenteuers gerade mit diesen selbstgefälligen Aspiranten stets meinen Durst und alle himmlischen Gelüste allzu schnell.

Jedermann
Ich meine, dass du doch auch ... Das liegt im Wesen der Natur! Wohl eines jeden Menschen!

Frau Jedermann
Du meinst, ich hätte ebenso handeln müssen wie mein Hausgenosse und mancher seiner Freunde. Wie wenn es da nicht andere Wege gäbe, die einen trösten können, wenn man verzweifelt ist.

Jedermann
Waren sie für dich nicht auch nur mit Sorge und Arbeit verbunden, ohne irgendeinen Gewinn? Nicht einmal eine Ehrung durch die Stadt! Wenn ich an deine Dienste in den Vereinen denke! Alles für die andern! Nichts für dich selbst! Wann hast du dich eigentlich zuletzt einmal so richtig vergnügt?

Frau Jedermann
Du sollst mich nicht zu einer wohltätigen Asketin machen, die sich in aller Stille die Heiligkeit erwerben will.

Jedermann
O nein! Ich meine eher die nicht unbekannte Masochistin in Verzicht

und Opfer. Du sagtest es doch: Wie eine Nonne!

Frau Jedermann

(etwas ironisch) Ach, wie schön! Der alte Spott! Geht es dir besser? *(sehr ernsthaft)* Nicht jede Rolle ist wählbar, die uns das Leben auferlegt. Doch sollte man von jenen entschieden Abstand nehmen, die nur die Sucht nach immer neuem und noch größerem Nervenkitzel unablässig steigern.

Jedermann

Jeder nimmt doch grundsätzlich nur die Rollen gerne an, die er gänzlich selbst für sich erfindet und die ihm dann die Welt von neuem stets neu erleben lassen.

Frau Jedermann

So? Welche hätte ich denn für mich erfinden sollen? Ich bin da ziemlich einfallslos und über eine nicht hinausgekommen. Hätte ich im Rollentausch es mit dem Nachbarn, deinen Freunden, deinen Geschäftspartnern und wen auch immer wirklich der Reihe nach versuchen sollen? *(holt tief Luft)* Bis sie durchgespielt, die immer neuen Rollen, die von Mal zu Mal nur hungriger nach Neuem machen? So lange bis man der Sucht des Hungers ganz und gar verfallen ist und man vergessen hat, dass andere auch noch eine Rolle spielen. Nein! Da lebe ich dann viel lieber schon als Nonne!

Jedermann

(ironisch) So? ... Und Nonnen haben keine Süchte!

Frau Jedermann

Doch! Nur haben sie diese ein wenig mehr im Griff. Sie müssen nicht die Rollen wechseln wie ein Chamäleon die Farben.

Jedermann

Ich weiß, ich kann mich nicht zu denen zählen, die nur vom Reiz der Träume sich ernähren konnten und stets genügsam waren und nur auf andere bedacht! Zu dieser Art enthaltsamer Idealisten gehörte ich wohl nicht!

Frau Jedermann

Gewiss nicht! Nein! Wer nur sich selbst und seinen Reichtum und sein Vergnügen liebt, gehört bei Abstinenzlern zu den Außenseitern.

Jedermann

Aber sag mir doch, was hätte deinen Bedürftigen allein deine edle Gesinnung denn genützt? Nur materielle Hilfe war für sie von Nutzen. Mein Geld, das du an sie verteilen konntest, das war für sie

94

doch erst Vergnügen, wenn ich es so nennen darf.

Frau Jedermann
Warum hast du dieses Vergnügen denn nicht selbst verteilt? Das hätte deinem Ruf auch bei Bedürftigen nicht schaden können!

Jedermann
Weil ich es nicht für nötig hielt. Im Leben hat ein jeder gleiche Chancen.

Frau Jedermann
(sarkastisch) Gleiche Chancen! Für alle gleiche Chancen! Mein Gott, Jedermann! Wie gut kennst du das Leben!

Jedermann
Es werden alle nackt in diese Welt geboren.

Frau Jedermann
Und dann sofort ein Teil von ihnen mit Vermögen ausgestattet für den Rest der Tage! Ein anderer mit einem Vorrat zumindest für gewisse Zeit! Zuletzt auch viele, die aus dem Nichts der Nacktheit für sich noch etwas machen müssen.

Jedermann
Ich kenne manche, die das anstandslos bewältigt haben.

Frau Jedermann
Und ich gar viele, die sich ehrlich und zugleich vergeblich ihr Leben lang darum bemühten. Nein, Jedermann! Du musst davon nicht abzulenken suchen, dass du zumindest unter *dieser* Not der Welt nie selbst zu leiden hattest.

Jedermann
Das meinst nur du! Mir hat man nie etwas geschenkt. Warum sollte ich ganz ohne Gegenleistung das verteilen, was ich mir selbst stets mühevoll erworben habe? Nenne einen einzigen plausiblen Grund!

Frau Jedermann
(erregt) Du hast es nicht getan, weil dich der Geiz beherrschte und du dich sonntest in dem Neid der andern auf deinen Reichtum und auf deine Macht. Aus eigenem Antrieb selbstlos Gutes tun, das setzt ein gutes Herz voraus. Hier war deine Lebensnot nicht zu übersehen.

Jedermann
Ich denke ökonomisch, wenn es um Geschenke geht. Ist es nicht der Zweck, der auch die Mittel heiligt und damit seinen Geber?

Frau Jedermann
Wenn das so wäre, könnte sich der Reiche noch schnell vor seinem

Tod den Himmel kaufen. Nein, Jedermann, das Gute ist nicht Handelsware. Es verliert nicht mangels Geld die Gültigkeit, so wenig wie das Böse, das der Mensch mit Geld in Szene setzt.

Jedermann
Wie kann man dann die gute Tat von einer bösen unterscheiden?

Frau Jedermann
Ich sagte es! An der Gesinnung, die dahinter steckt. Ich gebe zu: Es ist sehr oft nicht leicht, sie wirklich zu erkennen! Wer weiß denn schon, mit welcher Absicht ein Reicher eine Kirche baut! Ob er sich damit nur ein Denkmal setzen oder Gott verehren will? Wer weiß, ob er vor seinem Tod mit einer Spende an die Armen noch wirklich Hilfe bieten oder mit seiner Art von Nächstenliebe nur sein Gewissen zu beruhigen sucht und glaubt, sich damit die Glückseligkeit im letzten Augenblicke zu erschachern

Jedermann
Räumt sich nicht der einen Berg von Problemen aus dem Weg, für den es gar kein Jenseits gibt? Für den der Tod das absolute Ende ist?

Frau Jedermann
Gewiss, wenn er dies lückenlos beweisen kann!

Jedermann
(unsicher) Jetzt rührst du bei mir an jene innere Wunde, die erst vor kurzem aufgebrochen ist. Sage mir! Was soll ich da für richtig halten?

Frau Jedermann
Dass Menschen keine Götter sind! Du gehst dabei kein Risiko ein, nur dies als Wahrheit anzusehen, dass einer über uns dem Menschen Einsicht gibt und auch die Kraft, stets dieser Welt die Hoffnung zu erhalten, dass sie auf ihrem Weg durch Raum und Zeit trotz manchen Rückschlags Schritt für Schritt ein wenig mehr an Liebe zugewinnt.

Jedermann
Und wie soll dies dann messbar sein?

Frau Jedermann
(etwas ärgerlich) Mein Gott! Muss denn wirklich immer alles messbar sein? Du kannst die Liebe nicht mit einem Maßband messen, die Hoffnung nicht in Dezibel und auch den Glauben nicht in Kilopond.

Jedermann
Woher nehme ich dann die Kenntnis und Gewissheit, wie ich bin und

wo als Mensch ich stehe?

Frau Jedermann
Wir können dieses Fragespiel wie Kinder endlos fortsetzen. Soll es ein Ende nehmen, dann muss auf die letzte Frage des Lebens ein jeder selbst sich eine Antwort geben.

Jedermann
Ich kann mich nicht erinnern mir solche Fragen je ernsthaft gestellt zu haben. Und schon gar nicht jene letzte, was du auch damit meinst! Weil ich der Meinung bin, dass das Gesetz des Daseins sie überflüssig macht. Jeder stirbt einmal. Deshalb bemüht er sich die Zeit davor so angenehm wie möglich zu verbringen, zumal er auch nur einmal lebt. Darin liegt der echte Nutzen! Darin liegt der Sinn des Lebens.

Frau Jedermann
Ich frage dich ein zweites Mal: Und das soll zuletzt wirklich alles dann gewesen sein?

Jedermann
Dann sage mir doch, wie du diese letzte Frage für dich selbst beantwortest!

Frau Jedermann
Diese letzte ist die Summe aller Fragen und nur auf jeden einzelnen Menschen selbst bezogen! Was sagte ich vorhin? Weil ich keine Kinder zu erziehen hatte und du dein Leben lebtest, kümmerte ich mich umso mehr um andere, die meine Hilfe brauchten. Kannst du dir eigentlich vorstellen, dass für jemanden sorgen, jemandem dienen, auch Freude machen kann, selbst wenn es mitunter beschwerlich ist und Opfer kostet?

Jedermann
... Freude? ... Eine eigenartige Freude! Wer genießt in unserer Zeit schon die Rolle eines Dieners, zumal dieses Wort ja fast schon ausgestorben ist! Und noch dazu, wenn er dafür nicht reichen Lohn erwarten kann? Hält nicht jedermann die Hände auf?

Frau Jedermann
(etwas ironisch) Darf ich dir ein Geheimnis anvertrauen?

Jedermann
Gewiss!

Frau Jedermann
(sehr bestimmt) In diesen Tagen deiner Krankheit bin ich besonders

gerne für dich da und in allem, was ich für dich tue, ist bereits der Lohn der Arbeit und der Mühen eingeschlossen.

Jedermann
(erstaunt) Jetzt bringst du mich wirklich so richtig in Verlegenheit. *(ironisch)* Wenn ich es mir nicht schon längst abgewöhnt hätte, würde ich erröten.

Frau Jedermann
Es würde dich auch in deinem vorgerückten Alter durchaus noch schmücken. Ich kann mich ohnehin nur an eine einzige Situation erinnern, in der dir die Röte voll ins Gesicht stieg. Es war bei unserer kirchlichen Trauung. Morgen ist es übrigens dreißig Jahre her. Weißt du noch, als dir der Ring entglitt, den du mir an den Finger stecken wolltest, und vom Altar weg durch den langen Mittelgang zwischen den Kirchenbänken in Richtung Hauptportal dann rollte und du ihm wie ein Sprinter hinterher, um ihn so schnell wie möglich einzufangen …

Jedermann
(nachdenklich)… und das Gelächter der Hochzeitsgäste sogar die Orgel übertönte, bis ich ihn endlich fassen konnte ...

Frau Jedermann
(heiter- ironisch) … und ich schon meinte, du selbst wolltest mir noch entwischen, obwohl du mir dein Jawort bereits gegeben hattest.

Jedermann
Nein, nein! Er war mir lebenswichtig damals, dieser Ring, den du immer für mich tragen solltest. Nur daran dachte ich in diesem Augenblick! Nicht an mein Missgeschick! *(nach kurzer Überlegung)* Hernach hat niemand mehr so rotzfrech über mich gelacht.

Frau Jedermann
Weil du niemanden mehr Gelegenheit dazu gegeben hast! Bei dir, ... da gab es nichts zu lachen! Wer über sich selbst nicht lachen kann, erlaubt es auch dem andern nicht.

Jedermann
War das wirklich so? War ich in meinem Leben wirklich narzisstisch und so selbstgerecht?

Frau Jedermann
So schön es ist, dass du einmal danach fragst, so schwer fällt es mir gerade jetzt dir eine Antwort darauf zu geben. Ich will dich nicht verletzen, aber verneinen könnte ich es auch nicht.

Jedermann

Stets warst du mir gegenüber sehr offen. Du musst jetzt auch den Kranken nicht mit dem Opfer deiner Aufrichtigkeit schonen. Erst seit kurzer Zeit ist es mir so richtig bewusst geworden, wie gut die Wahrheit selbst dann tun kann, wenn sie hart ist. Sie weist den geraden Weg. Ungewissheit und Zweifel sind viel schwerer zu ertragen. Sie gehören zur Erbsünde des Menschen, sagtest du mir einmal.

Frau Jedermann

Du und Zweifel? Das wäre neu. Hast du einen bestimmten Anlass dafür, dass du dies so sehr betonst?

Jedermann

Die Auskunft der Ärzte im Krankenhaus über meinen Zustand war so ausweichend, so verschwommen! Sag, warum schickten sie mich heim, wo ich mich doch so schwach und elend fühle. Was steckt dahinter? Sag mir, was du weißt!

Frau Jedermann

Ich erfuhr von ihnen, dass du sehr krank bist. Sehr krank! Das weißt du doch. Und … dass sie mit ihrer Kunst am Ende sind! Deshalb holte ich dich zu uns nach Hause, weil ich glaube, dass du hier besser aufgehoben bist als in der Klinik oder einem Pflegeheim.

Jedermann

Ich wusste es! ... Ich spüre es! ... Ich bin dir sehr dankbar! *(nach kurzer nachdenklicher Pause)* Was bleibt mir noch für eine Frist?

Frau Jedermann

Das kann dir niemand mit Gewissheit sagen. Wir leben in der Zeit, wir sind aber nicht Herr über sie.

Jedermann

Wenn sie aber unerträglich wird?

Frau Jedermann

Ich werde immer bei dir sein. Die körperlichen Schmerzen kann man lindern. Aber es wird niemanden gestattet sein, wenn du danach fragen wolltest, zu bestimmen, wann diese Zeit für dich zu Ende geht. Nicht einmal du selbst darfst über dich verfügen. Auch im tiefsten und niedrigsten Leiden verliert das Leben seine Würde nicht.

Jedermann

Es scheint mir aber kaum noch Würde vorhanden, wenn man den Todkranken, der seiner Sinne nicht mehr mächtig ist, an Maschinen fesselt, nur um seinen Pulsschlag zu erhalten.

Frau Jedermann
Das tut der Würde keinen Abbruch. Sie ist dem Menschen das von Gott verliehene Selbstverständnis, auch im Sterben, auch im Tod.

Jedermann
Wie meinst du das?

Frau Jedermann
Unabdingbar gehört sie zu unserem Sein, gleich, ob wir uns sonnen im Glorienschein der irdischen Verehrung, gleich, ob wir aufs Äußerste geschmäht, geschändet und getreten auf der Erde liegen. Für den Einsatz oder Stillstand der Maschine aber sorgt der Mensch, wann immer er bestimmt, ob noch Hoffnung liegt in einem letzten Rest der Lebenszeit oder ob er dem Tod nur dilettantisch in das Handwerk pfuscht.

Jedermann
Wer mag darüber schon entscheiden? Wer kann dafür schon die Verantwortung tragen?

Frau Jedermann
Du sagst es. Die Verantwortung tragen! Es ist allzu schwer. Unser Leben ist ein göttliches Geschenk. So kann zuletzt von oben nur das richterliche Zeichen kommen, wann wir sein Ziel erreichen, wann uns der Tod zu neuem Dasein ruft. Wer von uns Menschen dies verkennt und leichtfertig zwischen Zeit und Ewigkeit die Grenze setzt, der frevelt gegen dieses Leben und macht den Tod zum Narren.

Jedermann
Leben – Tod – neues Dasein! So ganz anders und so bedeutsam empfinde ich auf einmal diese Worte. Ich hatte sie aus meiner Sprache allzu lange ganz und gar verdrängt, bis ich ihnen unvorbereitet jetzt begegnete. Im Krankenhaus, in jener dunklen Nacht, bevor ich aus dem tiefen Schlaf erwachte. Zuerst hielt ich das Ganze für ein Hirngespinst. *(Hält nachdenklich inne.)* Doch, es lässt mich nicht mehr los. Gerne würde ich mit dir darüber reden. Du musst mich aber ernst nehmen! Versprich es mir!

Frau Jedermann
Nun! Ich will es versuchen, wenn deine Vertraulichkeit nicht gar zu sehr zum Lachen reizt! *(kurzes Zögern)* Nein, nein, du kannst beruhigt sein! Ich freue mich viel mehr, dass du mich endlich einmal wieder in dein Leben einbeziehst.

Jedermann
Ich hatte einen sehr seltsamen Traum. *(nachdenklich)* Nein! Es war
eher wie eine furchtbare Vision, die mich ganz und gar aus dem
inneren Gleichgewicht geworfen hat und die mir fortwährend zu
denken gibt und sich durch Nichts verdrängen lässt.

Frau Jedermann
Darüber kann man ganz gewiss nicht lachen.

Jedermann
Dabei verwandelte sich Vergangenheit in Gegenwart. So wie man es
von einem Sterbenden sagt, dem wichtige Stationen seines Lebens
kurz vor dem Ende noch einmal wie in einem Film vor seinem Auge
vorüberziehen! Wie wenn man aus sich heraustritt und sich selbst
betrachtet. Mein ganzes Tun, mein Name wurden Opfer irdischen
Vergessens. Vieles, was mir so golden schien und wertvoll und
unvergänglich, verkehrte sich ins Gegenteil. *(kurzes Innehalten)*
Nein, es war noch schlimmer. Noch viel schlimmer! Ich sah sie nicht
nur diese Stationen, ich durchlebte, ich durchlitt sie! Noch einmal!
Bis zum bitteren Ende. Dunkle Tage meines Lebens entfachten sich
zu hellen Flammen und brennen immer noch wie höllische
Feuersglut in meinem Innern. Ich sollte mich dazu bekennen,
rechtfertigen, Motiv und Gründe meines Handelns nennen.

Frau Jedermann
Dein Gewissen regte sich. Selbst im Unbewussten löscht sich
Vergangenheit nicht aus. Je mehr der Mensch in seinem Leben sie
verdrängt, umso deutlicher tritt sie im ungeahnten Augenblick vor
Augen.

Jedermann
Nicht so! Elisabeth! Mein Gewissen zu verdrängen, habe ich gelernt.
Nein! Ganz frühe, schon fast vergessene Begebenheiten … von zu
Hause … aus meiner Kindheit, Jugend! … Du kennst sie. … Man
rief mich … ich wurde befragt … wie in einem Verhör … streng und
unerbittlich! Ich suchte mich zu rechtfertigen, suchte nach Ausreden,
wusste keine Antwort und fühlte mich zuletzt wie ein hilfloser
Prüfling, der in einem alles entscheidenden Examen nicht einmal die
gestellten Fragen mehr versteht. *(Kurzes Überlegen)* Eine kurze Frist
nur sei mir noch gewährt! Ich selbst solle Bilanz ziehen! Über mich!
So hieß es! Ich war gelähmt, gequält, gepeinigt wie nach einer
Folter! Als ob mir eine absolute Macht das Herz zusammenpresst

und mir den Atem nimmt … Aufrecht solle ich meinen letzten Schritt tun … Der Tod! … Der Tod! … Er stand bedrohlich hinter meinem Bett. Er sprach mit mir ... Er sprach mit mir …

Frau Jedermann
(beschwichtigend) Du wurdest aus deiner gewohnten Gedankenwelt herausgerissen und ernsthaft an das Sterben erinnert. Zum ersten Mal hast du gefühlt und es dir eingestanden, dass auch dein Leben ein Ende finden wird. Und die Angst davor, ... sie hatte dich gepackt!

Jedermann
Angst! Ja, ich hatte Angst, furchtbare Angst. Aber es war eine ganz andere, für mich ganz neue unbekannte Angst. Es war nicht Angst vor einem absoluten Ende, es war die Angst vor Fremdem, Unvorstellbarem, das plötzlich über mich als ungeahnte Wirklichkeit hereinbrach: Die Begegnung mit dem Tod, mit tugendhaften sittlichen Gestalten! Es war ein Fanal! Eine Apokalypse aus einer anderen Welt, aus einer Welt, die ich früher stets als Hirngespinst beiseite schob.

Frau Jedermann
Die Welt des Glaubens ist nicht erklärbar, Johannes! Sie ist ein Wagnis, das wir fürchten, doch auch Chance eines großen Glücks.

Jedermann
Kann man wirklich an etwas glauben, was nicht greifbar und nicht sichtbar ist?

Frau Jedermann
Aber vorstellbar! Vorstellbar! ... Und deshalb für mich eher Wirklichkeit als eben nur ein Hirngespinst.

Jedermann
Glaubst du, sei ehrlich, glaubst du, dass ich gesund werden könnte?

Frau Jedermann
Was für eine Frage! Daran solltest du zuerst glauben. Ich kann es dir und mir nur innigst wünschen und darauf hoffen.

Jedermann
Ich habe es in meinem Leben nicht gelernt zu glauben.

Frau Jedermann
Kann man Glauben lernen? Ich weiß es nicht. Glauben ist nicht eine der Errungenschaften unseres arg begrenzten Denkvermögens, nicht berechenbares Wissen. Glauben ist ein Drang von innen her, offen zu sein auch für gänzlich Unbekanntes, sich ihm hinzuwenden ohne

102

Vorbehalt und ohne über Gründe nachzudenken. Glauben heißt sich vertrauensvoll in fremde Hände zu begeben, so unbefangen wie ein Kind. *(kurzes Einhalten)* Das ist Glauben. So nehme ich ihn wahr.

Jedermann
Es muss dabei aber doch zumindest die Hoffnung ein wenig Gewähr bieten, dass die unbekannten fremden Hände, die du nennst, nichts Böses im Sinne haben.

Frau Jedermann
Du Sicherheitsapostel! Hoffnung enthält keine Garantie. Sie ist der Antrieb aller guten Wünsche, die wir in uns tragen. Sie ist ein Kind der Liebe. Wer so denkt wie du, bleibt stets ein Ignorant und kann nicht an eine gute Zukunft glauben und deshalb auch nicht auf sie hoffen.

Jedermann
Was meinst du damit? Erklär es mir!

Frau Jedermann
Wenn ich an jemanden ganz fest glaube, ihm ohne Vorbehalt vertraue, dann schließt das auch ein hohes Maß an Liebe ein.

Jedermann
Und je mehr einer an jemanden glaubt, auf ihn baut und ihn liebt, und dann von ihm enttäuscht wird, desto schlimmer trifft ihn die Enttäuschung.

Frau Jedermann
Das ist nicht auszuschließen.

Jedermann
(nachdenklich) Ich muss dich in meinem Leben sehr enttäuscht haben. Jetzt erst begreife und fühle ich die Schuld, die auf mir lastet. Doch liegt es nicht auch in der Natur des Menschen zu enttäuschen?

Frau Jedermann
Das ist unser Schicksal, wir leben nicht im Paradies. Dies hat der Mensch sehr lange schon verspielt. Je mehr wir uns aber dessen bewusst sind, desto weniger wollen wir andere enttäuschen und umso leichter können wir auch die Fehler anderer verzeihen.

Jedermann
Kannst du mir denn verzeihen, Elisabeth? Wenigstens du?

Frau Jedermann
Johannes, wie oft habe ich mich gefragt, was ich dir gegenüber selbst verschuldet habe. Doch habe ich mein Leben mit dir nie beendet,

weil ich dich liebe. Und wer wirklich liebt, der kann nur Eines: Er kann nur vergeben, so schwer es manchmal fällt.

Jedermann
Und ich habe im Laufe der Jahre vergessen, wie sehr ich dich einmal geliebt habe. Erst jetzt ... die Krankheit, sie öffnet mir die Augen dafür, was du mir einst bedeutet hast. Sie ließ es mir zur schrecklichen Gewissheit werden, wie sehr ich dich immer wieder betrogen und verletzt und mich von dir Schritt für Schritt entfernt habe. Elisabeth, darf man jemanden, auf den man angewiesen ist, überhaupt sagen, dass man ihn liebt?

Frau Jedermann
Wer jemanden wirklich aufrichtig für sich braucht, missbraucht ihn nicht. Brauchen kann auch Lieben heißen, Johannes! Für mich sind es die gleichen Worte. Sie lassen heute für mich alle Enttäuschungen zu Nichtigkeiten werden.

Jedermann
Nichtigkeiten? Elisabeth! Nichtigkeiten? Alles, was der Mensch auch denkt und alles, was er tut, im gleichen Augenblick, da es geschieht, ist es nicht mehr zurückzunehmen. Mit Schrecken wird es mir erst jetzt bewusst. Es steht geschrieben, unauslöschlich! Das Gute wie das Böse. Oft habe ich beides nicht mehr unterscheiden können.

Frau Jedermann
Wer vermag das schon zu jeder Zeit, wenn er nicht als Heiliger geboren wird. Zuletzt liegt es ja doch in andrer Hand das Buch des Lebens, das jeder Mensch für sich geschrieben hat, gerecht zu rezensieren und hernach alle irdischen Lettern gnädig auszulöschen.

Jedermann
Meinst du, dass dieses auch für mich noch gelten kann, wenn ich schon bald den Schritt in jene andere Welt hinübersetze? Wo doch mein Buch nur dunkle Seiten füllen.

Frau Jedermann
Gewiss! Es gilt für jeden, der für diesen letzten, diesen allerletzten Schritt den rechten Weg gefunden hat. *(Läuten an der Tür.)*
Wer mag da kommen, wo dich doch alle schon verlassen haben? Ich sehe nach.

(Amanda Feierabend erscheint.)

Amanda
Ich möchte nicht stören, Frau Jedermann! Ist es möglich Ihren Herrn

Gemahl nur ganz kurz zu sprechen

Frau Jedermann

Gewiss, wenn er es wünscht!

Jedermann

(aus dem Hintergrund) Kommen Sie herein, Frau Feierabend!

Frau Jedermann

Hier in diesem Hause müsst ihr nicht den Schein der bürgerlichen Ordnung wahren. Ihr dürft ruhig Du zu einander sagen, auch wenn ich dabei bin. Oder soll ich lieber gehen?

Jedermann

Nein! Nein! Elisabeth, bleibe nur! Bitte bleibe! Dass ich euch beide bei mir habe, erscheint mir wie eine glückliche Fügung. Es ist für mich wohl die letzte Möglichkeit ein paar Dinge zu regeln, die mir schwer am Herzen liegen. Einige, die ich jetzt ganz schnell noch zu Ende bringen kann, und viele, die ich zu Ende bringen wollte und die mir nun ganz plötzlich aus der Hand genommen werden!

Amanda

Ich möchte mich nur erkundigen wie es um ... um deine Gesundheit bestellt ist.

Jedermann

Meine Zeit geht zu Ende, Amanda! Der letzte Schritt in meinem Leben steht bevor.

Amanda

Makabre Späße sind jetzt nicht am Platz. Man hat dich aus dem Krankenhaus entlassen.

Jedermann

Das bedeutet nicht Anspruch auf Gesundheit. Sieh mich doch an! Sehe ich so aus als ob ich noch zu Späßen fähig wäre? Ich gehöre zu jener Spezies von Kranken, die die Medizin als unheilbar nach Hause schickt, damit sie hier in Ruhe auf ihr Ende warten können.

Amanda

Das kann nicht sein! Du mit deinem Unternehmungsgeist und deiner Energie! Auch Ärzte können sich doch täuschen. Du hast Geld genug, um andere zu konsultieren.

Jedermann

Amanda! So tröstet sich ein jeder, der die unumstößliche Gewissheit hat, dass seine Zeit in Kürze abgelaufen ist. So sicher wie der letzte Schritt ist keiner sonst im Leben. Ich fühle dies.

Amanda

Du übertreibst, wie so oft! Du musst jetzt nicht den tragischen Helden auf der Bühne spielen.

Jedermann

Sieh dir doch den Helden an! In meinem Zustand spielt man keine Heldenrolle mehr, weil nicht die kleinste Möglichkeit der eigenen Deutung und Entfaltung sich noch bietet. Allein ein Schritt bleibt noch zu tun! Der hinter die Kulisse! Vom Schwanengesang des ausgedienten Mimen nur wird er begleitet! Ein Schritt, den jeder fürchtet, weil er ihn ganz alleine gehen muss.

Frau Jedermann

Du bist nicht allein, Johannes!

Amanda

Wir brauchen dich! Die Stadt braucht dich! Du darfst uns nicht verlassen.

Jedermann

Verschwenden wir nicht Zeit mit eitlen Wünschen und mit falscher Hoffnung. Mein schlechtes Spiel ist aus. Die Welt mag es an meinem Grabe noch einmal heuchlerisch beklatschen. Glaubt allen denen nicht, die solches tun! Euch beide aber möchte ich jetzt ganz von innen her um Eines bitten: Dem schlechten Komödianten dafür zu verzeihen! Dich Elisabeth, dass ich dir einst ein festes Wort gab, das ich nicht sehr lange hielt, und dich Amanda, dass ich in dir nur scheinbar schöne, unerlaubte Wünsche weckte. Verzeiht mir, wenn ihr könnt! Ich habe euch beide auf schlimmste Art betrogen und verletzt.

Frau Jedermann

Du weißt, warum ich dir längst verziehen habe.

Amanda

Und ich! Was könnte ich verzeihen? Ich war doch selbst beteiligt an dem schlechten Spiel, wie du es nennst, an jenem Spiel verbotener Liebe, das mich erfüllte und mir dabei mein Herz von dem Gewissen trennte. Nie in meinem Leben habe ich zugleich Freude und auch Qual so abgrundtief empfunden. Heute bin ich froh, dies endlich eingestehen zu können. Sie, Frau Jedermann, Sie waren es, die unter uns beiden gewiss Unsägliches zu leiden hatte. Sie möchte ich sehr herzlich bitten auch mir die Schuld jetzt nachzusehen, wenn Sie dazu imstande sind.

Frau Jedermann
Es fällt nicht leicht. Gewiss nicht! Doch mein Leben macht es mir zur Pflicht.

Jedermann
Elisabeth, ich danke dir für deine Nachsicht, deine Güte und bewundere dich ob deiner Stärke gegenüber deinem eigenen Ich. Vielleicht verzeihen mir auch andere, die vielen, die meine Selbstsucht allzu sehr getroffen hat.

Frau Jedermann
Vergeben kann letztendlich doch nur der, der über dieser Welt und allen Dingen steht.

Jedermann
Wie oft hatte ich in den letzten Tagen mit ihm zu kämpfen! Er ließ sich einfach nicht mehr beiseite schieben, so sehr ich mich darum bemühte. Ihn habe ich, als ich zu dir nach Hause kam, Elisabeth, zuerst um sein Erbarmen angefleht. Ganz unbeholfen, denn allzu lange war das Beten mir so fremd geworden. Ich zweifle, ob er mich gehört hat. Doch ihr, ihr beiden macht mir den Abschied jetzt viel leichter. *(zögernd)* Nur einen Kummer und eine letzte Bitte, sie will ich nicht als schwere Last mit auf den Wege nehmen.

Frau Jedermann
Wie können wir dir helfen?

Jedermann
Lange habe ich in den letzten Tagen nachgedacht. Es wäre mir ein Trost, wenn ich mit der Gewissheit gehen könnte, dass ihr zusammen das zu einem guten Ende führt, was ich zuletzt mit falschem Ziel begonnen habe. Schaut, dass jener eingestellte Bau im Herzen unserer Stadt bald fortgeführt und bald vollendet wird. Erfüllet ohne Wenn und Aber die Bedingung, die das Gesetz und das Gemeinwohl fordern. Jedoch nehmt ihm den Namen und vollendet ihn als ein Zuhause für die Pfarrgemeinde, als eine Heimat für verwaiste, vom Leben ausgeschlossene Kinder und einen Hort für alle, die den Frieden suchen in dem globalen Irrgarten unserer Zeit. Gebt dem Letzten, das ich im Irdischen begonnen habe, eine Chance!

Frau Jedermann
Wie oft hast du die Stadt ins Staunen schon versetzt. Sogar im Rollstuhl bist du noch für eine Überraschung gut. Jetzt im wahrsten Sinne dieses Wortes! Aber kannst du alleine dies entscheiden?

Amanda

Gewiss, Frau Jedermann! Gewiss! Er hat das Recht dazu, er hat sogar die Pflicht!

Frau Jedermann

Dann könnten wir es ja gemeinsam wagen, dies Vermächtnis in die Hand zu nehmen. Was meinen Sie, Frau Feierabend?

Amanda

Es wäre die Erfüllung meines Lebens. Es käme Vieles in ein Gleichgewicht.

Jedermann

Zieht Goldhaus zu Rate, wie man den Bau am besten umgestalten sollte. Er ist ein hervorragender Architekt. Und gebt dem Haus hernach einen frommen, einen barmherzigen Namen!

Frau Jedermann

(zu Jedermann) Wie kann man seinen Status rechtlich sichern?

Jedermann

Ihr seid die Erben. Gründet eine Stiftung, die jeden, dem diese Welt zum Getto des Exils geworden ist, ein wenig tröstet und ihm ein wenig Wärme und eine kleine Lebenschance bietet. Vermögen habe ich genug geschaffen. Für mich verliert es seine Gültigkeit. Der letzte Schritt beendet meine Frist als irdischer Verwalter.

Amanda

Wir werden alles tun, um deiner Bitte zu entsprechen.

Jedermann

Das wird nicht leicht sein. Manche werden schon kurz nach den ehrenvollen Epilogen beim Begräbnis davon reden, dass Jedermann mit seinem Sternentempel so sehr gescheitert ist, dass er im letzten Augenblick die Flucht nach vorne angetreten hat. Nur um kurz vor seinem Tod den eigenen Ruf zu retten, lässt er von euch den Geldpalast in ein Asyl für gescheiterte Existenzen und verwahrloste Kinder umfunktionieren. Ihr sollt für ihn das Denkmal setzen, das seinen Größenwahn in Nächstenliebe schnell verwandelt. Gerade ihr beide, die betrogene Angetraute und die heimliche Geliebte!

Amanda

Wer sollte von einem Wohltäter so verächtlich reden?

Jedermann

Wenn ich einer gewesen wäre, Amanda, dann könnte man es verächtlich nennen.

Amanda

Jetzt bist du es mit dieser Tat.

Jedermann

Selbst der, der immer Gutes tut, gerät zuweilen in Verdacht. Die Heimatzeitung wird noch tagelang mit dieser Sensation die Spalten füllen. Lasst euch davon nicht irre machen! Die Medien verehren heute den, der scheinbar oben steht, wie einen Götzen. Und ist der Masse die Anbetung dieses goldenen Kalbs zum schalen Alltag dann geworden, wird es ganz einfach vom hohen Sockel hinab gestoßen. Dann fallen sie wie eine Meute wild gewordener Keiler darüber her und zerstückeln es mit Gier und Wohlbehagen. Das Wort *Barmherzigkeit* gehört nur selten noch zur Mediensprache.

Frau Jedermann

Ich versichere dir, Johannes, dass wir uns alle Mühe geben werden, deinen Willen zu erfüllen und das zu tun, was für dich Trost sein kann und dich in Zukunft in guter Erinnerung hält.

Jedermann

Erinnerung an mich? Nein, meine Liebe, tut mir das nicht an! Ich habe sie auf Erden nicht verdient. Ich wünschte mir, mein Name möge das nur sein, was ihm die Sprache an Bedeutung gibt: Ich bin ein Jedermann. Ein Mensch wie er zu allen Zeiten geboren wird und lebt und stirbt. Als solcher möchte ich begraben werden. Und würde ich heute mehr sein wollen, dann wäre dies vermessen.

Amanda

Für uns bist du *der* Jedermann. Was du uns in die Hände legst, es bleibt doch stets dein gutes Werk.

Jedermann

Nein Amanda! Du weißt es doch am besten! Ich war ein Leben lang kein Wohltäter. Ich kaufte stets nur Mauersteine, die gänzlich falschen Zielen dienten. Ihr werdet wenigstens dem letzten Haus, das ich begonnen habe, noch eine gute Seele geben.

Frau Jedermann

Es ist aber deine Idee, ein Zeichen für den Wandel deiner Seele.

Amanda

Du wirst ein Vorbild sein für viele Menschen.

Jedermann

(sehr nachdenklich) Nein, nein, ihr meint es viel zu gut mit mir! Ich habe es nicht verdient zuletzt zum Vorbild hoch gehievt zu werden,

um ein langes eitles Leben damit zu kaschieren. Die Gnade zu glauben, zu hoffen und zu lieben habe ich nur als Kind besessen. Erst jetzt, im letzten Augenblick, beginnen solche Lichter erneut in mir ein wenig aufzuleuchten.

Frau Jedermann
Es gibt Verirrte, die erst sehr spät zu Heiligen geworden sind. Unsere Welt braucht heute Vorbilder - mehr denn je.

Jedermann
Damit sie diese dann ebenso schnell vergessen kann wie ihre Verbrecher! Von beiden hat der Mensch bisher noch nichts gelernt, was ihn auf bessere Wege hätte führen können. Neid auf den einen, Unterdrückung für den andern! Hass und Krieg! Mehr nicht! Betrachtet nur das Heute und das Gestern! Die Wendung hin zum Guten wird der Mensch erst dann erleben, wenn er begreift, dass alles Irdische geliehen ist. *(kurzes Innehalten)* Dies jetzt, erst ganz zum Schluss, erkannt zu haben, das ist mein dürftiges Vermächtnis. Das ist die Gnade einer kurzen Frist.

Frau Jedermann
Der Blick nach vorn scheint mir viel wichtiger zu sein als in der Vergangenheit zu wühlen.

Jedermann
Nur wer sein Leben lang, das, was geschehen ist, von Tag zu Tag zum Prüfstein seines Handelns macht, nur der darf auf bessere Zukunft hoffen.

Amanda
Wie soll man das verstehen?

Jedermann
Ihm bleibt der arrogante Blick auf die Vergangenheit erspart. Nur er hat wohl die Chance aus der Erfahrung seines Lebens jene Bescheidenheit und Güte zu erlernen, die sein Ich vor Eigensucht und Selbstgefälligkeit bewahren. Nur ihm ist es vielleicht vergönnt als Vorbild dieser Welt zu dienen.

Frau Jedermann
Wie sehr hast du dich in den Tagen deiner Krankheit doch gewandelt! Du bist ein anderer Mensch geworden. Für dich hat eine neue Zeit begonnen.

Jedermann
Elisabeth! Ich bin am Ende meiner Zeit! Zu spät, um die Erkenntnis

dieser letzten Gnadenfrist in gute Taten umzusetzen. Ich kann auf höhere Barmherzigkeit nur hoffen, auf Mitleid und auf Güte dessen, der selbst noch denen, die ganz zuletzt im Weinberg tätig werden wollen, den gleichen Lohn zahlt wie den Ersten. Das, Elisabeth, ist jetzt meine einzige Chance, an die ich wirklich glaube.

(Stimmen von draußen.)

Erstes Kind
Adveniat! Adveniat! Bitte eine Spende für die Armen dieser Welt!

Zweites Kind
Adveniat! Adveniat! Bitte eine Spende! Bitte eine Spende!

Erstes Kind
Für Hungernde und Heimatlose!

Zweites Kind
Für Verfolgte und Ausgestoßene!

Erstes Kind
Für Unterdrückte und für die Heilung aller Kranken!

Zweites Kind
Bitte eine Spende für die Armen dieser Welt! Adveniat! Adveniat!

Jedermann
Wer glauben, hoffen, lieben kann wie diese Kinder, bei dem gehört die gute Tat zum Alltag seines Lebens.

Frau Jedermann
Und ihm ist auch des Himmels Gnade ganz gewiss, selbst wenn er spät zur Einsicht kommt.

Erstes und zweites Kind
Adveniat! Adveniat! Bitte eine Spende!

Jedermann
(nachdenklich) Adveniat! Adveniat regnum tuum! Dein Reich möge kommen! Wie lange war es mir in Vergessenheit geraten! Dein Wille geschehe! Ja, dein Wille! *(sehr bestimmt)* Elisabeth, hole die Kinder zu mir! Ich möchte ihnen eine Spende geben, mit der sie wirklich helfen können! Damit ich meinen letzten Schritt mit nicht ganz leeren Händen gehe. Ich will leben! … Ich will endlich leben!

(Er sinkt in sich zusammen.)

****

Zum Totentanz

Zu Beginn und am Ende des 4. Bilds von **JEDERMANN LEBT** fordert der Tod einen Menschen zum Tanz auf und greift damit unversehens in dessen Leben ein. Damit soll die Begegnung von Diesseits und Jenseits, Zeit und Ewigkeit allegorisch vor Augen geführt werden. Die Erfahrung des Todes offenbart die menschliche Ohnmacht gegenüber der Unabwendbarkeit irdischen Schicksals.

Im 14. Jahrhundert, vornehmlich in der Zeit der großen Pest, die zwischen 1348 und 1352 in Mittel- und Westeuropa nahezu die Hälfte der Bevölkerung dahinraffte, bauten sich im volkstümlichen Aberglauben Vorstellungen und Bilder auf, in denen die Toten die Lebenden in einem Tanz über den Gräbern in ihr Dasein einbezogen, um ihre Macht zu dokumentieren. Die Vergänglichkeit, Eitelkeit und Nichtigkeit menschlichen Daseins sollten ins Bewusstsein gerufen werden, zumal ein jäher Tod keine Möglichkeit mehr lässt, über das Leben Bilanz zu ziehen. Er galt bei den Minoritenorden als der Fluch einer tugendlosen und sündigen Existenz.

Literarische Wurzeln der Entwicklung des Totentanzes sind in der arabischen **LEGENDE VON DEN DREI LEBENDEN UND DEN DREI TOTEN** zu sehen. Drei Königinnen reiten bei der Jagd in einen Wald und stoßen hier auf drei Särge, die die halb verwesten Leichen ihrer Väter bergen. Diese mahnen sie: *„Quod fuimus, estis, quod sumus, eritis.“* („Was wir gewesen sind, das seid ihr, was wir sind, das werdet ihr sein!")
Gleichermaßen haben die **VADO MORI** – **Verse** der lateinischen Handschrift MAZARINE 980 dazu beigetragen. Einer von ihnen lautet: *Sicher ist der Tod, ungewiss die Stunde und wann sie gekommen ist.* Und vor allem setzte auch die **MEMENTO MORI** – **Dichtung** der cluniazensischen Reform des ausgehenden 11. und 12. Jahrhunderts Impulse, vorweg die erste in Gedichtform verfasste frühmittelhochdeutsche Bußpredigt *Nokers (Notkers) von Zwiefalten* (um 1170), in der der Autor den Menschen auffordert an den Tod zu denken und Buße zu tun und zugleich Gott um Erbarmen anfleht.

Hellmuth Inderwies